责任编辑：戴 硕 董 飞
责任校对：李俊英
责任印制：陈晓川

图书在版编目（CIP）数据

中国农村金融抑制与金融深化问题研究（Zhongguo Nongcun Jinrong Yizhi yu Jinrong Shenhua Wenti Yanjiu）/赵志刚著．—北京：中国金融出版社，2015.4
ISBN 978－7－5049－7589－8

Ⅰ.①中… Ⅱ.①赵… Ⅲ.①农村金融—研究—中国
Ⅳ.①F832.35

中国版本图书馆CIP数据核字（2014）第146492号

出版
发行 中国金融出版社
社址 北京市丰台区益泽路2号
市场开发部 (010)63266347，63805472，63439533（传真）
网 上 书 店 http://www.chinafph.com
(010)63286832，63365686（传真）
读者服务部 (010)66070833，62568380
邮编 100071
经销 新华书店
印刷 三河市利兴印刷有限公司
尺寸 169毫米×239毫米
印张 11.5
字数 180千
版次 2015年4月第1版
印次 2015年4月第1次印刷
定价 38.00元
ISBN 978－7－5049－7589－8/F.7149
如出现印装错误本社负责调换 联系电话（010）63263947

FINANCE

中国农村金融抑制与金融深化问题研究

ZHONGGUO NONGCUN JINRONG YIZHI
YU JINRONG SHENHUA WENTI YANJIU

赵志刚◎著

中国金融出版社

走向新经济金融常态中的中国农村金融发展与金融改革

——为赵志刚博士《中国农村金融抑制与金融深化问题研究》作序

巴曙松[①]

经过30多年快速的城镇化和工业化，农村发展问题再次成为广泛关注的焦点问题。这一年来，我在纽约的哥伦比亚大学做高级访问学者，简单对比中美城乡发展，一方面，城市的快速发展，使得中国涌现出一批富有活力的中心城市，这些城市的发展状况已经越来越与欧美的一些大型城市不相伯仲；另一方面，我们也可以看到，如果从区域发展对照，中美发展的主要差距，应当说主要体现在农村地区；与欧美总体上差距不大的城乡发展水平相对照，如何缩小中国的城乡差距，依然还是经济发展中的重要课题。

当前，在中国经济金融体系逐步走向新常态的过程中，中国农村经济已步入由传统农业向现代农业转变、农村经济结构加速调整、城镇化建设深入推进和各项产业协调发展的重要时期，总体上已进入以工促农、以城带乡、工农互惠、城乡一体的发展新阶段。农村金融是现代农村经济的核心，要实现农业发展、农村繁荣和农民增收，离不开金融的强有力支持。加快发展现代农业，需要农村金融机构为现代农业建设提供综合性、现代化的金融服务来推动农业生产经营体制创新；深入推进新农村建设，需要农村金融机构提高对农村基础设施和社会事业发展的金融服务水平来全面改善农村生产生活条件；着力促进农民增收，需要农村金融机构推出好用实用的信贷产品与便捷的服务方式来切实解决农民贷

① 巴曙松，国务院发展研究中心金融研究所研究员、博士生导师，中国银行业协会首席经济学家，哥伦比亚大学高级访问学者。

款难问题；推动城乡发展一体化，更需要农村金融机构努力服务好新型城镇化建设，解决好“钱从哪里来”问题以及如何把这些金融资源配置好的问题。

近年来，国家出台了一系列惠农富农政策，农村金融改革发展取得了明显进展，金融服务覆盖面有所提高，推动了农村经济发展。但与新时期“三农”事业发展的要求相比还有很大差距，农村金融服务仍然是中国金融体系中最薄弱的环节之一。主要表现在三个方面：一是农村基础金融服务需求旺盛与农村金融服务供给不足之间的矛盾。当前中国金融基础设施建设仍很滞后，部分地区仍然存在金融服务盲区，有些贫困地区或边远地区还不能获得最基础的金融服务，农民“贷款难”问题仍然没有得到根本性改变。二是农村金融需求日益多样化、差异化与“三农”金融产品创新不足之间的矛盾。随着农村经济社会发展及农业现代化、产业化的推进，迫切需要农村金融机构与时俱进，针对农业产业链条中的农户、生产加工企业及流通企业开发提供一整套的服务产品及方案；三是农村居民金融常识普遍缺乏与现代新兴金融服务工具不断涌现之间的矛盾。由于对金融知识了解不足，农民对新型金融服务手段认知度较低、接受较慢，对银行服务的认识还停留在传统金融服务上，而现代商业银行金融产品日益复杂多样，网上银行、电话银行、手机银行等现代新兴金融工具推陈出新，而普通农民接受这些新事物还需要一个长期过程。

当前，农村金融之所以发展滞后，既有历史变革的影响，又有当前涉农金融机构商业化选择的结果。从“三农”融资环境来看，农业的弱质性削弱了农村金融机构的服务积极性。由于农业是弱质产业，受自然因素影响较大，这就决定了提供涉农金融服务较其他商业性金融服务具有更大的风险，而中国目前农村地区金融生态环境比较脆弱，金融机构债权保护不到位和信用意识的缺失，再加上缺乏风险转移、分担、补偿、处置的渠道和机制，造成风险向农村金融机构集聚，严重制约了农村金融的发育和成长。从商业银行自身角度来看，加大“三农”金融供给很难实现商业可持续。由于新设网点投入巨大、运营成本较高，偏远地区乡镇的经济密度、人口密度及相关指标难以保证网点盈利或至少达到保本点，提供农村金融服务的机构往往面临更大的商业化经营压力，商业银行从自身经营的角度出发，主要网点布局仍侧重在县域城镇，未能深入到农村偏远乡镇。此外，在“三农”金融产品创新和推广方面，由于“三农”金融产品往往是微利产品甚至是无利免费产品，金融机构创新和推广的积极性不高。这些因素共同导致了金融排斥在农村地区的情况普遍存在。

农业的弱质性客观上决定了农村金融业务面临的风险较大，成本较高，回报率相对较低，对金融机构盈利性要求构成挑战，难以形成商业可持续发展。商业银行要深度参与农村金融体系建设，必须结合自身特性，认清自己的优劣势，只有这样，才能真正在确保自身可持续发展的前提下，为农村金融发展贡献力量。中国邮政储蓄银行作为中国农村金融服务体系的重要组成部分和推动中国农业农村发展的一支重要力量，秉承“普之城乡、惠之于民”理念，充分发挥网点多、覆盖广的比较优势，始终坚持服务“三农”战略定位，扎根农村、服务农业、贴近农民，努力填补农村地区金融服务空白，不断探索农村金融服务创新，持续加大对“三农”领域的金融支持力度，增强“造血”功能，在稳增长、惠民生、支持实体经济发展中发挥了重要作用。

作为我指导过的优秀博士生，赵志刚博士长期在中国邮政储蓄银行工作，积累了丰富的实践经验。在实务探索之余，他还不断在理论方面积极钻研，并在农村金融领域取得了不少有价值的成果。赵志刚博士的这本《中国农村金融抑制与金融深化问题研究》，不仅从理论层面为丰富中国大型商业银行农村金融服务的相关理论研究作出了有益的探索，而且也能从操作层面为中国农村金融机构实践提供一定价值的参考，同时还能有助于从政策层面为推进中国农村金融发展长效机制建设提供一定程度的政策参考。可以说，这本专著的出版凝聚了他多年从事农村金融工作的经验，也是他自己在博士生学习期间的理论思考的一个结晶。希望赵志刚博士以这本专著的出版为新的起点，在研究中取得新的成果，在参与中国农村金融的探索和实践中取得新的成绩，为继续推进中国农村金融的改革和发展贡献自己的智慧与力量。

是为序。

巴曙松

二〇一四年八月二十日于哥伦比亚大学

前　言

自改革开放以来，中国国民经济虽然取得了迅猛发展，但是城乡居民收入差距拉大，农村地区发展严重滞后于城市地区，地区发展差异化明显，特别是在20世纪90年代中后期，甚至出现了农民收入绝对值的下降，当前“三农”问题已日益成为阻碍中国国民经济健康稳定发展的一个重大问题，引起了学术界和决策层的广泛关注。从相关文献梳理来看，国内学者普遍认为发展农村经济的根本途径可以概括为两条：一是妥善实现农村剩余劳动力向非农业转移；二是通过调整农业结构，提高附加值高农作物的规模和产量。深究起来，造成农村经济增长滞后的因素的确很多，但当前农村金融的供需矛盾所导致的严重金融抑制问题是其重要原因之一。

作为国民经济的一个重要组成部分，农村经济持续、健康、稳定发展，不仅对整体经济有着重要的支撑作用，而且也成了能否全面实现小康社会的关键点和薄弱环节。对于怎样促进农村经济增长问题，依据不同的假设前提，不同的学者给出了不同的解释。尽管这些解释差异很大，但大家关注的焦点之一还是集中到了农村金融对农村经济增长的作用上。经过梳理发现，当前，中国农村地区的金融环境可以说是乱象重生，具体问题主要表现在如下方面：中国农村金融组织不完善，国有大型商业银行撤并县以下基层机构；中国农业发展银行削减了政策性支农业务；新成立的中国邮政储蓄银行支农力度有限；农村信用社资产质量差，非农化倾向日趋严重等。上述因素综合导致农村资金大量单向流入城市，农业再生产资金匮乏。因而，要促进农村经济的发展，解除农村金融抑制是首要任务，从国际相关经验来看，解除金融抑制的根本路径就是进行金融深化，农村金融深化改革已是迫在眉睫、刻不容缓。

本书尝试以金融发展与经济增长的相关理论为研究基点，通过构建农村经济增长与农村金融发展实证模型，来对中国二者之间关系进行定性分析和定量研究，实证研究结论是：中国农村金融发展水平远远落后于全国整体水平，在中国广大农村地区，存在严重的金融抑制现象，金融抑制已经阻碍了中国广大农村地区的经济发展，更是制约农村经济增长的重要因素，农村金融需求多样化与农村金融供给不足之间的矛盾，是导致中国农村金融抑制长期存在并不断深化发展的根本原因。金融与经济增长的实证分析同时也表明：农村金融发展与农村经济增长存在正相关关系。农村金融中介通过两条路径影响实体经济：一是金融中介可以通过信贷投放使储蓄转化为投资，从而促进经济增长；二是金融中介机构增长，竞争加剧，运行效率提高，融资渠道增多，通过提供多样化、个性化的金融服务来推动经济增长。

在中国农村金融供给与需求双重不足以及供需矛盾异常突出的实际情况下，农村金融体制改革要针对存在的问题，把握农村金融需求的特点，在发挥现有农村政策性金融作用的基础上，借鉴国际相关经验，鼓励金融创新，以便形成多种形式的金融机构并存、分工合理、功能互补、适度竞争、可持续发展的多层次农村金融组织体系。只有这样，才能真正解决农民贷款难问题，并从根本上解除农村金融抑制问题，从而创建营造良好金融环境，实现并促进农村经济健康发展。

目　录

1 导 论

1.1 背景与意义

中国是一个农业大国。农村人口众多，农村经济占据国民经济的比重较大一直以来是中国的基本国情。改革开放以来，伴随国民经济向市场经济体制的转轨变型，中国的社会生产力和经济实力有了巨大的进步，国际竞争实力大大提高，国民经济以日新月异的速度发展，国际地位迅速提升。尽管改革开放促使中国农村经济发生了翻天覆地的变化，农业产业出现历史性的进步，但中国农业生产靠天吃饭的格局和农业劳动生产力低下的问题均未实现革命性的彻底变革，广大农村地区特别是中西部较落后地区，发展过程中也依然存在着诸多深层次的矛盾和问题，成为制约中国社会经济发展的战略“瓶颈”。农业的发展与国民经济发展息息相关，农民收入的停滞、下降也会影响到国民人均收入水平的提高。而如今，能否有效运用金融方式来促进农村经济增长，已经成为了一个足以影响中国是否能够保持长期整体经济良好发展的关键问题。

长期以来，由于历史的原因和体制性障碍，中国农村经济在发展过程中一直处于相对弱势的状况。相对于城市经济，中国农村经济在投资、消费、收入、就业等多个方面表现为总量不足和结构失衡。农业基础设施薄弱、农村生产效率不高、农民增收缓慢、农村消费水平低、农村劳动力相对过剩、农业生产结构不合理、城乡差距日益扩大、农村资金供求失衡等一系列问题突出。

一方面，农村经济的弱质性在很大程度上决定了农村金融的发展水平。其一，国家公共财政对农业的投入和攫取比例的失衡，直接引导了其他社会资源的流向；其二，农业产出的成本与效益失衡，使其难以吸收和积累追逐利益最大化的商业资本；其三，农村内部产业结构的失衡使金融服务缺少竞争和创新机制；其四，农村经济发展的区域失衡则使金融资源的配置也出现严重的失衡状态；最后，农村生产和消费的不足使农村金融市场失去持续发展的动力。

另一方面，农村金融发展的滞后也制约着农村经济的持续快速发展。在现代货币经济中，金融已经成为资源流动与配置的重要机制，顺利破解“三农”难题的一个充分条件是依赖于农村金融的发展和支持。农村金融抑制的长期存在直接导致了农村金融服务体系不健全、农村金融市场不开放、农村商业性金融供给不足、农民贷款难等突出问题。本书的中心议题集中于研究解除农村金融抑制问题，探讨为促进农村经济增长而实行有约束条件的农村金融深化。

金融与经济不但在理论上有密切关系，在实践上也密切相关。现代金融的效率越来越高，金融对经济的支持推动作用日趋明显，金融对经济发展的速度和效率有很大程度的决定作用。这样的情况下，金融在经济活动中逐渐居于核心地位。而作为现代金融重要组成部分之一的农村金融，也成为影响农村经济发展的重要因素之一。它为农村经济发展提供关键的金融资源配置，为农村的生产经营活动提供各种便利的金融服务，进而在很大程度上保证农村经济的发展。

然而，与中国长期以来的国民经济发展路径相似，中国金融发展的情况是，对金融资源的配置优先偏重国有经济部门和城市，而农村金融发展长期处于被压抑的状态。农村金融抑制不仅影响其自身发展的可持续性，并且使农村经济发展无法得到充足的金融支持，进而严重影响着农村经济的健康稳步发展。因此，如何解除农村金融抑制，大力发展农村金融，也就成为从金融视角上解决“三农”这个重要问题的关键。本书从经济学的视角，进行了大量中国农村金融发展与经济增长的实证分析，并且分析研究了农村金融抑制的表现与影响，在借鉴国际相关经验的基础上，探讨了如何解除农村金融抑制问题，提出对应的政策建议。本书的研究清晰地分析了农村金融抑制的形成原因和危害程度，对认识当前农村金融与农村经济增长发展之间的关系有积极意义，有利于丰富、发展和深化金融抑制和金融深化理论在中国的实践。

1.2 文献回顾

1.2.1 国外学者对农村金融抑制理论的研究

（1）金融抑制论与金融深化论

金融发展理论的建立是以金融深化论的提出为标志的。1973年以发展中国家及地区为研究对象的金融发展理论才真正产生，标志事件就是麦金农的《经济发展中的货币与资本》以及肖的《经济发展中的金融深化》等两部著作。不管是发展中国家或地区的金融发展，还是金融与经济发展之间的相互关系，这两位代表性学者都提出了精辟的见解。“金融抑制”和“金融深化”两个概论及理论一经提出，就在学术界引起了强烈反响。这两个理论可以称得上是货币金融理论和发展经济学里程碑式的重大突破，深刻影响了许多发展中国家货币金融政策的制定及改革实践。

自1973年以来，麦金农和肖的金融深化论影响日趋增大，极大地影响了西方经济学界对金融发展理论的研究工作。随后许多学者也都纷纷提出他们自己的新见解。第一代麦金农、肖学派盛行于20世纪70年代中期到80年代中期，代表人物包括Kapur（1976）、Mathieson（1978）、Galbis（1977）和Fry（1982，1988）等，他们主要的研究工作是对金融深化论的实证和扩充。第二代麦金农、肖学派盛行于20世纪80年代末到90年代中期，代表人物有中Bencivenga和Smith（1991）、Levine（1993）、Greenwood和Smith（1997）等。这一时期的金融发展理论出现了新特征，从效用函数的角度入手，尝试对金融机构与金融市场形成机制进行解释。为了对金融机构和金融市场的形成做规范性的解释，他们采取了在比较研究的方法之上，建立了各种微观基础上的经济模型，引入了诸多与完全竞争相悖的因素，如不对称信息（道德风险与逆向选择等）、不确定性（偏好冲击与流动性冲击等）和监督成本等。

（2）农村金融市场发展理论研究

20世纪80年代以后，农村金融市场论在对农业补贴论的反思中逐步发展成型（BeSley，1994；Mckinnon，1973；Yaron，1998；Vega，2003等）。农村金融市场论的代表学者是亚当斯等人，在批评农业补贴论的基础上，他们逐步发展起来这个理论。农村金融市场论完全依赖市场机制，极力反对政策性金融对市场的扭曲，特别强调利率的市场化。20世纪七八十年代，在金融深化理论的影响下，拉美和东南亚国家及地区都开始了迈向实现利率市场化之路，纷纷放松金融管制。但是，金融问题与危机开始出现在前苏联转轨中，以及实现金融自由化的实践过程中，这些现象使得一些学者开始对金融市场失灵进行反思，他们认为金融抑制在以信贷为基础的体制中还是有好处的，诸如经济部门或单位可以更快获得信贷，避免证券市场短期非理性行为，政府可以拥有必要的政策影响力等（Hossain，2001）。在1981年，“不完全信息市场上的信贷配额模型”由Stiglitz和Weiss提出，对于发展中国家的金融市场问题，他们从微观角度进行了研究。

在农村金融市场的概念界定方面，一些学者也做了研究和探索，冉光和（1995）认为农村金融市场就是指农村信用活动、信贷资金运动和货币流通三者相互联系的统一的经济范畴。朱守银等（2003）进一步认为农村金融市场是农村市场体系的重要组成部分，是农村最为重要的要素市场。

就农村金融需求主体而言，可以概括为农户、农村企业、乡镇政府和村级组织。其中最主要的经济体就是农户和农村企业。

对于农村金融市场基本特征的文献研究，资料颇多，如迈因特（1978）、肖（1988）、Mckinom（1988）、皮普雷克（2002）等。这些文献对农村金融市场特点概况的主要要素是贫穷、人口密度低、市场隔离、风险高、季节性因素以及农业自身弱质性导致的高交易成本、缺少传统的抵押品、收入波动较大、缺乏风险分散产品和机制，上述不利因素使得农村金融市场本质上不同于城市金融市场，低回报、高风险也减少了以经营利润为导向的商业性金融机构的进入。迈因特（1978）指出，“金融的二元性”（Financial dualism）是农村金融的重要特征，即现代金融部门和传统金融部门并存，他进一步解释为，国有银行垄断经营、利率管制、资金总量供需矛盾突出、信用工具缺失、信用形式单一，从而导致信贷资金配置效率低下。

(3) 农村金融发展理论与农村经济增长理论研究

梳理农村经济增长与农村金融发展之间关系的相关理论文献，可以归纳为四个方面：第一种观点就是Robinson（1952）和Lucas（1988）

的观点，他们认为相对于经济增长，金融发展应处于一种“需求遵从”地位，即经济增长引发了对金融服务的需要，并认为不能放大金融在经济增长中的作用。第二种观点就是金融引导经济增长，即金融发展对经济增长有“供给主导”作用，这些学者认为金融应是经济增长的推进器，金融的发展对经济增长具有促进作用，代表性学者有 Shumpeter（1911）、Goldsmith（1969）、King 和 Levine（1993）、Levine 和 Zevros（1996）、Rajan 和 Zingales（1998）等。第三种观点即混合型，该观点认为在经济增长的初期，供给引导型的金融发展应处于主导地位，一旦经济发展进入成熟阶段，需求遵从型的金融发展随即将成为主流。即在不同的经济发展阶段上，金融发展和经济增长具有不同的关系和重要程度，这一观点的代表性人物是 Patrick（1966）。最后一种观点认为金融发展和经济增长之间应互为因果关系。他们解释为：由于金融中介存在门槛效应，应在经济规模达到了某一水平之后，发展特定的金融机构，只有在这个时候金融发展才会真正体现出对经济增长的促进作用和正向激励。若在经济发展水平较低情况下发展金融，那么有可能使得金融资源配置低效率，抑制经济增长，这一观点的主要代表性人物是 Greenwood 和 Smith（1997）。

1.2.2 国内学者对中国农村金融抑制理论的研究

（1）对农村金融市场发展问题的研究

近些年，很多国内学者也对中国农村金融市场发展问题进行了较为深入的研究，从文献梳理来看，比较多的研究文献主要集中在对农村金融市场融资、农村金融体制改革、金融政策调整以及正规与非正规金融市场概念界定等方面问题的阐述和讨论。

张军（1997）认为，非正规金融部门就是指相对于正规金融机构而言，民间自发形成的信用组织。一些学者更从监管的角度来区分二者，正规金融机构就是被登记、被管制和被记录的金融机构；未被登记的、未被监管和未被记录的机构就是非正规金融机构，非正规金融应是一种过渡性金融体制安排（姜旭朝，2004）。对农村金融融资渠道的研究文献，主要体现在如下几个方面：第一是从正规与非正规两个渠道融资。在一些发展中国家，非正规金融市场已日益成为农户尤其是贫困农户融资的途径（温铁军，2001）。第二是正规金融市场供需矛盾，正规金融低效率引发的金融供给不足，导致无法满足农户与非农企业发展的正常业务需求（何广文，2001）。第三是小额信贷业务的创新和发展，并已经成为农户融资的主要渠道。

（2）有关金融发展与经济增长研究

关于中国农村金融发展与中国农村经济增长关系实证研究的文献主要有：徐笑波和邓英陶（1994）基于一些描述性的统计指标，实证分析了中国农村金融深化与经济发展之间的关系；张元红（1999）通过计算农村金融相关率的方法也对二者之间的关系进行了实证研究，但由于这种方法存在系统性误差，结论值得考究；谈儒勇（1999）的实证研究主要集中在对金融中介体和经济增长之间、股票市场和经济增长之间以及金融中介体和股票市场发展之间的互动关系；沈坤荣等（2000）认为金融发展对中国经济有着显著的促进作用，同时也指出金融深化理论与利率政策必须要与经济发展过程相适应；韩廷春（2001）在借鉴 Harrod - Domar 经济增长模型的基础上，对该模型进行了拓展，引入 GDP 作为被解释变量后也做了相关实证研究；张兵和朱建华（2002）实证检验了中国农村金融深化的绩效，但是在数据和模型方面还是存在不少问题；庞晓波等（2003）通过计量模型定性分析和实证研究，发现中国农村金融发展与从此经济增长之间仅存在着很弱的相关性。钟笑寒和汤荔（2004）对国有银行撤离农村市场给经济带来的不利影响方面进行了有益的分析探讨，他们研究发现正规金融机构撤并导致了农村金融的供给空白，这种供给不足未能被其他农村金融机构有效填补，撤并事件对农村经济产生了较大的负面影响。

（3）近几年国内学者对中国农村金融抑制问题的研究

沿着国外学者的分析思路，近几年来国内许多学者都在研究金融抑制问题，中国是发展中国家，同样存在着金融抑制现象，这是毋庸置疑的。长期以来实行的城乡分割政策，使得中国城乡二元经济、金融结构特征非常明显。近年来，随着中国金融体制改革的加快，在经济相对落后的农村地区，金融抑制的现象尤其突出。因此，国内学者对金融抑制问题的研究也主要集中在农村，他们着重论证了农村金融抑制的表现、类型、原因及对策等。具体的相关研究文献陈述如下：

刘福毅和邹东海（2004）认为，可以以货币信贷政策导向为契机，推动农村金融基础设施建设，通过加快推进农村信用社改革，加大对农村的资金供给等方面来解决农村金融抑制问题。殷本杰（2006）通过规范的理论分析，认为金融约束可以有效地修正金融抑制的许多缺陷，从而提高农村金融体系在新农村建设中的支农功能，并对金融约束的利率政策安排做了具体的论述。黄卫红（2006）研究发现中国农村对资金的利率供给弹性和利率需求弹性都很低，解除金融抑制的关键不是放松利率管制而是解除其他行政规章，并提出通过诱致性制度变迁实施农村金融深化来解决金融抑制所导致的农村资金的外流和内源性融资的盛行问题。王国华（2006）从农村金融信贷市场存在较高的壁垒、农民所需资金主要来源于非正规金融机构和民间信贷以及农村金融组织不适应农村经济发展的要求等三个方面分析中国金融抑制状况，提出了农村金融深化的建议。皮建才（2007）分析了“金融抑制”的成因，认为赶超战略是导致“金融抑制”的根本性原因，政府利用利率手段进行控制会比利用税收手段进行控制导致更严重的“金融抑制”和福利损失，选择了赶超战略的理性政府会选择税收手段进行宏观控制。周天芸和陈平（2007）据对广东县域金融的调研资料，结合县域经济主体的财产特征，阐释抵押设定、抵押率及抵押登记成本方面的特征，分析制约广东县域金融发展的抵押因素，探析了广东县域金融交易的困境问题。汤志江和康绍大（2007）研究认为全国农村存在严重的金融抑制现象，主要是农村金融有效供给不足，不能满足农村经济发展和农业结构调整对金融服务的需求，应从制度设计和业务开展上提高对农村金融的供给。高晓燕（2007）从理论和实践两个方面对金融供给不足存在的原因进行了分析，指出了未来农村金融改革的思路和需要把握的原则。彭红利（2007）提出了通过构建农村金融体系来解决中国农村金融抑制的问题。卞志村和毛泽盛（2007）认为要在社会主义市场经济体制下解除金融抑制，农村金融发展必须实现方式转变，而以新方式为指导，目前的农村金融发展政策必须进行相应调整。曹晨光（2007）研究认为现有农村金融体制最根本的问题是金融供给不足，并指出金融供给不足是制约农村经济的可持续发展的原因。何琳和廖东声（2007）通过构建金融抑制的基本指标，即“利率—储蓄增加”传导机制与金融机构的信贷配置的市场化程度，对中国农村的状况进行了考证，发现“利率—储蓄增加”传导机制在农村不存在，金融机构在农村信贷配置的市场化程度极低，且具备信贷限制和强制性的信贷分配，说明了中国农村存在严重的金融抑制。刘祚祥（2007）认为发展农村金融的关键是深化农村经济体制改革，增加农村经济组织对于资金的需求，才能逐步解除中国农村社会的需求型金融抑制，发展中国农村金融。李锐和朱喜（2007）运用 Biprobit 模型和 Match 模型，采用 3 000 个农户的微观数据，计量分析了农户金融抑制的程度及其福利损失的大小，得出了中国存在严重的农户金融抑制问题。许玉晓和王家传（2007）认为解决金融抑制的根本问题在于制度创新，并结合发展中国家的金融抑制理论和对中国农村金融抑制现状进行深入分析的基础上，探讨了农业信贷制度对化解农村金融抑制的效用，提出了构建中国农业信贷制度的基本框架。范小云和郭步超（2009）对中国中西部工业后发地区面临的金融抑制问题进行了研究，建议通过在利率市场化的条件下将非正规金融正规化和对现存的正规金融机构采取适度的金融约束两条途径解决。王俊芹等（2009）以河北省为例，运用调查数据，分析农户的借贷需求特征及农村信用社的金融服务特征，并通过直接估计的方法估算农村信用社的融资约束，分析结果表明：农户有较强的借贷需求，但有明显的金融抑制，农村信用社金融服务供给不足，农户面临较大的融资约束。徐璋勇和王红莉（2009）依据对陕西 2 098 户农户金融需求及满足状况的调研数据，分析发现陕西农村存在着严重的金融抑制问题，并从农户金融需求角度对导致农户金融抑制的因素进行了实证检验，提出了从扩展农户金融需求和增加农村金融供给两个方面消除农户金融抑制的政策建议。周家龙（2009）认为解决农村金融抑制问题，需要采取有效措施解决农村经济与农村金融中的主要矛盾，在商业化基础上实现提高覆盖面与可持续发展，实现农村金融与农村经济的统筹兼顾，实现农村金融持续协调发展。

国外对农村金融抑制理论的研究时间较早，但毕竟与中国的农村金融抑制问题还有许多不同之处，其经验不能直接照搬照抄。而中国学者对中国的农村金融抑制问题研究较晚，即使有些理论研究，也大多主要集中在农村金融市场的概念、形成原因、政策以及具体个别案例分析层面，还没有成形的理论架构，不能很好地指导如何解决中国农村金融抑制的具体实践。

1.3 研究思路和方法

本书以农村金融抑制问题为主线，基于对农村金融发展与农村经济增长相关理论文献的梳理，对中国农村金融发展与中国农村经济增长之间关系进行了定性分析和实证检验，得出了农村金融抑制是当前制约中国农村经济健康发展的重要因素，随后从供需角度深入剖析了金融抑制存在的原因，针对其严重性和危害性，在借鉴国际相关经验的基础上，本书最后给出了解除中国农村金融抑制问题的具体途径。

本书研究的思路和框架：

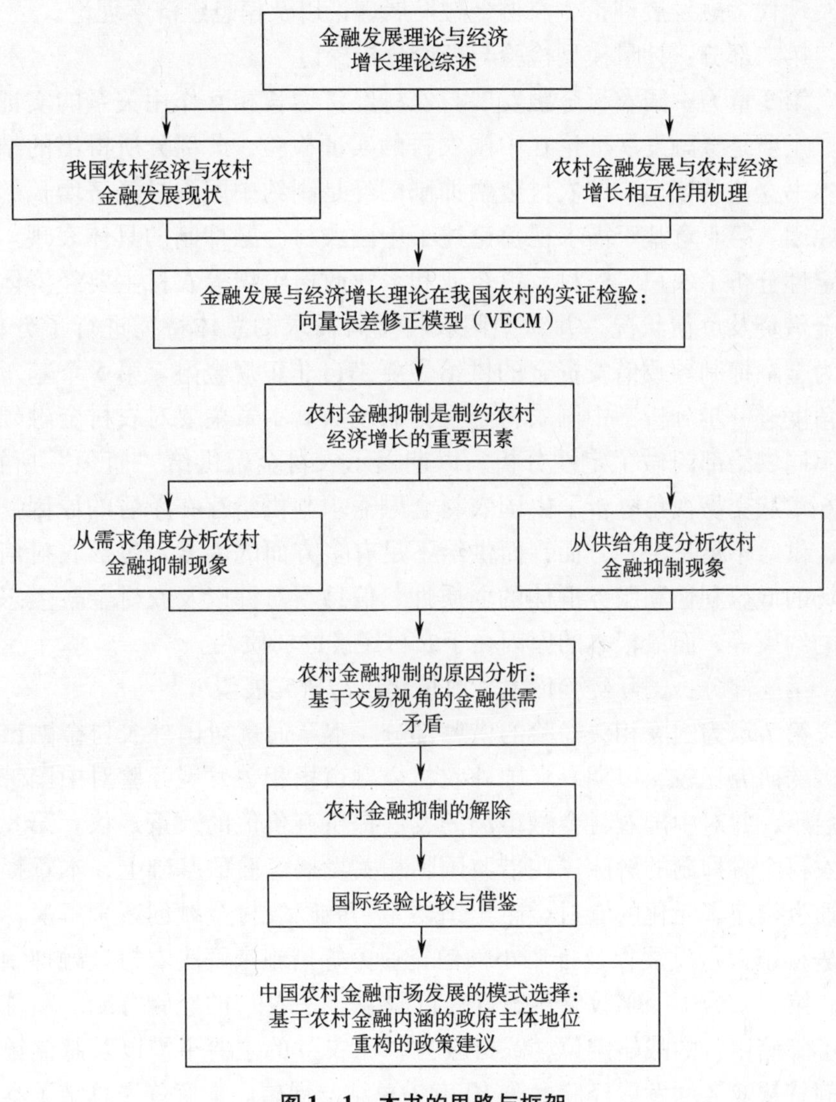

图1－1　本书的思路与框架

具体包括三部分研究内容：

第一部分：研究问题提出、相关研究文献梳理以及基础理论述评

第1章为导论。这一部分主要基于相关背景的介绍提出了研究的问题及相关背景，回顾、梳理了国内外相关的研究文献，并简要介绍了论文的研究意义，阐述了论文的研究思路、研究内容及研究方法，然后对本书的主要创新点进行了归纳。第2章农村金融发展的理论基础概述，涉及现代金融发展理论、农村金融发展理论以及信息经济学理论。

第二部分：计量模型检验与理论分析探讨

第3章为中国农村金融发展与农村经济增长相互作用关系的实证研究。主要是金融发展理论在中国农村的实证检验，此部分所得出的结论是本书立论的依据，即农村金融抑制已经是制约中国农村经济增长的重要原因。第4章基于需求视角论述了中国农村金融抑制的具体表现。着重定性分析了农户、农村乡镇企业和乡村政府组织等农村主要经济体的资金借贷及负债状况，并对中国农村金融需求的总体特征进行了分析，因为金融抑制导致借贷资金的供给主要来自非正规金融。第5章基于供给角度进一步分析了中国农村金融抑制现象。本章主要对农村金融领域的不同供给部门做了定性分析，以期揭示农村金融供给“瓶颈”所在。第6章从交易视角分析了中国农村金融需求与供给存在矛盾的原因。其中，供给不足是主要方面，而供给不足有多方面的因素，包括农村信贷市场的低盈利性和服务群体的弱质性、信息不对称以及农村金融生态环境的约束等，而最根本的原因在于农村经济的弱质性。

第三部分：国际经验借鉴、政策建议与研究展望

第7章为国际相关经验的借鉴部分。本章通过对国外农村金融市场发展的研究比较，以期寻求国外农村金融市场相关发展经验对中国带来的启示，并对中国农村金融市场的发展提供有价值的政策建议。第8章为农村金融抑制的解除。在借鉴国际相关发展经验的基础上，本章提出应通过构建多元化的农村金融组织体系，鼓励农村金融创新来解决，如促进村镇银行发展以及推广小额信贷业务等措施来解决农村金融抑制问题。第9章为中国邮政储蓄银行践行服务“三农”的经验总结。系统总结了邮储银行的战略定位，践行服务“三农”的主要举措以及邮储银行小额贷款业务的发展经验。第10章为总结与展望。本章首先总结了本书的主要研究结论，然后指出了本书研究的不足之处以及进一步的研究

方向。

1.4 本书的主要创新之处

本研究在综合借鉴国内外相关研究的基础上，对农村金融发展与农村经济增长之间关系进行了从一般到具体、从理论到实践的系统分析，可能的创新点有：

（1）本书基于农村经济增长与金融发展理论，从两个方面分析了农村经济增长与农村金融之间的关系，一是考察了农村经济货币化、金融化的程度，通过横向和纵向比较，以初步判断农村金融发展水平；二是通过计量模型实证检验了农村经济增长与农村金融发展之间的相关性。通过上述论证和分析，得出的基本结论：金融抑制阻碍了中国广大农村地区的经济发展，是制约经济增长的重要因素。

（2）本书不同于一般已有文献的单方面分析，而是从农村金融需求和农村金融供给的两个角度，对中国农村金融抑制问题进行深入的剖析，得出的结论是：农村金融需求多样化与农村金融供给不足之间的矛盾，是导致中国农村金融抑制长期存在并不断深化发展的根本原因。

（3）提出中国农村最佳的金融市场成长模式应当是：采取市场内生型为主、政府诱导相结合的混合型成长模式，进一步提出了解决中国农村金融抑制问题的具体途径：必须深化农村金融，借鉴国际相关经验，通过构建多元化的农村金融组织体系，鼓励农村金融创新来解决，如促进村镇银行发展以及推广小额信贷业务等。

2 农村金融发展的理论述评

2.1 金融发展理论的演进与评析

关于金融对经济增长的作用，人们一直未曾停止过思考和探讨。金融发展理论随着发展经济学的出现而产生。在20世纪40年代末到60年代初，处于发展经济学的第一阶段。这个时期结构主义发展思路占主导地位，因此西方的发展经济学家还没开始对金融问题进行专门研究。在唯计划、唯资本以及唯工业化思想的支配下，金融的发展受到忽视，处于附属和被支配地位，成为工业化、计划化以及资本积累的工具。直到发展经济学进入第二阶段，也就是20世纪60年代中期以后，金融的发展才有了合适的土壤和空间。

2.1.1 金融发展理论的兴起

第二次世界大战以后，金融发展的滞后以及金融体系运行效率低下，日益成为抑制经济发展的深层次问题。对于一些新兴国家而言，在促进本国经济发展的同时，各自不同程度上受到了资金短缺和储蓄不足等金融抑制因素的制约。20世纪中叶（五六十年代），现代西方金融发展理论开始兴起，主要代表人物有格利（Gruley）、肖（Shaw）、帕特里克、戈德史密斯等。这些学者在现代经济学研究中最早开始研探金融在经济发展中的作用问题，专门阐述了两者之间的关系，并且首次尝试创立金融发展理论，即建立一个以金融资产与金融中介多样且金融政策理想化情况下的货币金融理论。

在萌芽阶段，金融发展理论的主要研究对象是金融在经济中的作用。1955年，Gruley发表了《经济发展中的金融方面》；1956年，Shaw发表了《金融中介机构与储蓄——投资》。前述两篇代表性文献的发表，为后续金融发展理论的研究深化奠定了坚实的基础。两位学者通过创建一种金融发展模型，演绎了从简单到复杂的具体历程，定性表明了金融发展与经济增长之间的正相关命题。

1960 年，Gruley 和 Shaw 发表了《金融理论中的货币》，在该文中，两位学者首次通过构建基本模型系统分析了金融发展在经济增长中的作用，并提出货币金融理论的研究对象应该是多样化的金融资产，包括货币在内；金融制度的前提是各个经济部门或单位之间的储蓄与投资差额；在整个储蓄与投资过程中，具体金融制度是实现资金从储蓄转化为投资的必要条件。金融制度的发展程度如何，金融机构的多样化发展程度、金融工具的多样化以及金融市场的多样化就是指标。在某种程度上，金融制度的运行效率决定了一个国家的经济能否最有效地运用其经济资源。进一步地，1967 年 Shaw 和 Gruley 又发表了《金融结构与经济发展》一文。在本书中对上述问题进行了更深入的探讨。他们认为经济发展的主要推动力是金融的发展，尝试着建立一个涵盖银行理论的金融机构理论和涵盖货币理论的金融理论。

金融结构理论在 1969 年由 Goldsmith 提出，该理论奠定了金融发展理论的根基。Goldsmith 在该文中首次给出了金融理论的主要职责，即给出了决定一国金融结构、金融交易流量和金融工具存量的主要经济因素。在该文中创造性地引入金融相关比率（FIR）概念，将一国 FIR 与该国经济增长联系起来量化金融发展水平。他明确了衡量一国金融发展水平和金融结构的基本指标体系，采用的是国际横向比较与历史纵向比较相结合、定量分析与定性分析相结合的方法。Goldsmith 进行了大量的资料研究和统计分析，涵盖 35 个国家近 100 年的资料，最终得出了 FIR 与经济发展水平之间存在正相关的结论。这一里程碑式的发现为后续相关研究奠定了重要的理论基础。

2.1.2　金融发展理论的建立

金融发展理论的建立是以金融深化论的提出为标志的。1973 年，以发展中国家或地区为研究对象的金融发展理论产生了，其标志是 Mckinnon 和 Shaw 分别出版了《经济发展中的货币与资本》与《经济发展中的金融深化》两本书。在两部经典著作中，他们首次提出了“金融抑制”

和“金融深化”概念，随即在学术界引起强烈反响，这一概念的提出标志着货币理论和发展经济学的重大突破。很多发展中国家货币金融改革的实践以及货币金融政策的制定实施都深受影响。

Mckinnon 和 Shaw 的主要贡献是对农村经济增长与农村金融发展二者之间关系进行了系统研究，并提出了“金融抑制”论和“金融深化”论，他们认为金融发展滞后和金融抑制政策制约了微观金融主体的投资行为，阻碍了储蓄向投资转化的效率提高。两位学者从不同侧面揭示了金融深化对经济增长的促进作用，并提出了金融自由化主张，并提出通过放松金融管制以及实现利率市场化等途径，促进农村金融深化和农村经济发展。

（1）金融抑制论

Mckinnon 认为，发展中国家的主要特点是“分割经济”，即是一种市场不完全或缺失的状态。在分割经济中，金融市场也是分割甚至是缺失的，造成所有企业都局限于内源融资，加之投资的不可分割性，企业要进行技术创新和扩大经营，不得不进行长期的积累。这必然会引起一个国家投资率的下降和技术进步的缓慢，从而阻碍经济的发展。麦金农对“分割经济”的分析与当时发展中国家的实际情况基本上是相符的。

麦金农认为，在利率和汇率被严格管制的情况下，利率和汇率不能有效反映出市场真实需求，无法准确真实地反映资金供求与外汇供求。当出现通货膨胀或利率被人为压低时，利率管制降低了信贷资金的有效配置；同时，货币持有者的实际收益很低甚或负收益，这样就导致了大批的微观经济主体不愿持有现金、定活期存款及贷款，而是更倾向于持有实物形式。这样的结果是，削弱了银行的媒介功能，储蓄资金余额降低，投资减少，进而导致经济发展缓慢。这种情况被麦金农称为“金融抑制”。发展中国家存在的这种“金融抑制”情况，束缚了国家的内部储蓄，进而加大了对外国资本的依赖程度。但是麦金农提出的金融抑制理论也有不足的地方，因为其中对货币的定义是矛盾和混乱的。麦金农定义的货币是广义的货币 M_2，M_2 的含义是除了流通中的现金跟活期存款外，还将定期存款与储蓄存款也计算了进来；但同时，他又在模型中强调“外在货币”的作用，这里的“外在货币”就是指政府发行的不兑换纸币，是不包含在银行体系的各种存款之中。所以是两种互相冲突矛盾的货币定义存在于同一货币理论中。

(2) 金融深化论

肖认为，金融体制与经济发展之间既是相互推动又是相互制约关系。具体表现在两个方面：一方面，如果金融体制是健全的，那么就能有效地动员储蓄资金转化为投资，从而促进经济的健康稳步发展。另一方面，经济对金融也有反向影响作用，良好的经济发展可以提高国民收入，同时各经济主体对金融服务的需求也会增加。这样就形成两者相互促进的良性循环。肖同时指出，金融深化是多层次的动态发展的，一般表现为三个层次：首先是金融规模不断扩大，表现为 M_2/GNP 或 FIR 等指标变化；其次是金融机构的发展以及金融工具多样化；最后是金融市场秩序或市场机制的不断健全完善，在市场机制的作用下，更能优化金融资源的有效配置。前后之间互为因果、互相影响。

根据肖和麦金农的前述研究结果，为了能有效地促进经济增长，并使得金融深化与经济发展形成良性循环，适当的金融改革是非常必要的。麦金农还提出了一种修正过的 Harrod - Domar 模型来更好地解释这种良性循环。在改进后的模型中，他改变了储蓄倾向作为常数的假设，他认为在经济增长过程中，资产组合效应将会对储蓄行为产生影响，因此储蓄倾向不应是常数，而应该是可变的，进一步指出应该是经济增长率的一个函数。同时，持有货币的实际收益率等其他因素也会对储蓄倾向造成影响。此外，在对 Harrod - Domar 模型的修正中，麦金农对金融抑制的途径进行了深入探讨和分析，认为可以通过储蓄倾向提高来直接增加储蓄，再通过将储蓄转化为投资，实现促进经济增长；同时反过来也可以通过经济增长提高储蓄。最后指出，实现金融深化与经济发展之间良性循环的关键，就是实行金融改革、解除金融抑制。

2.1.3 金融发展理论的发展

1973 年以来，在西方经济学界，肖和麦金农的金融深化论产生了极大的影响，不断地掀起了金融发展理论的研究高潮，呈现百花齐放的态势。许多经济学家纷纷提出他们对金融发展理论的独到见解。

(1) 第一代麦金农、肖学派

该学派盛行于 20 世纪 70 年代中期到 80 年代中期，他们的研究主要集中于对金融深化论的实证和扩充上。其代表人物是 Galbis、Fry、Mathieson 和 Kapur 等。

①Kapur（1976）的观点。通过对欠发达封闭经济中劳动力过剩和固定资本限制问题的深入研究，他相信流动资本与固定资本之间是具有固定比例关系的。在固定资本闲置的前提下，决定产出的关键因素是企业能获得多少流动资金。Kapur 与麦金农观点的异同主要表现在两个方面：相同之处是，都认为除了影响实际通货膨胀率的一些其他因素外，通货膨胀预期也是重要因素；不同之处是，Kapur 不赞同的是麦金农侧重内源融资的观点，认为商业银行对实际经济的影响主要就是通过提供流动资本达成的，银行筹资就可以完全实现一部分流动资本的净投资。能提供的流动资本量取决于货币扩张率以及实质货币需求。

②Mathieson（1978）的观点。与 Kapur 类似的是，Mathieson 不约而同地也从投资数量的视角来讨论金融深化的影响。但他有两点不同于 Kapur 的假定条件。首先，Mathieson 假定所有的固定资本皆被充分利用，也就是说，Kapur 所指的闲置固定资本在现实生活中并不存在。Mathieson 的第二个假定条件是，企业不但需要向银行借贷部分流动资本，另外还需向银行借贷部分固定资本，即通过向银行借款筹集的是所用的全部资本的固定比率。Mathieson 最后还指出，经济增长归根到底要受制于银行贷款供给，而银行贷款的供给又在相当程度上受制于存款的实际利率。因而，为了经济能够稳定健康增长，务必要使实际利率达到其均衡水平。进而，取消利率管制、实行金融自由化是势在必行的。

③Galbis（1977）的观点。与麦金农不约而同的是，Galbis 的假定条件也是基于发展中国家经济的分割性。这种假定认为，发展中国家的经济资源低效配置特性。即被低效经济部门占用的资源几乎无法向高效经济部门流动转移，从而导致不同部门投资收益率长期不一致。Galbis 指出，金融抑制的主要表现是金融资产实际利率过低，这成为阻碍经济发展的重要因素。为了克服金融抑制造成的不利影响，充分发挥金融中介在经济增长的积极作用，必须使金融资产的实际利率达到可投资资源的实际供给与需求相平衡的水平，即其均衡水平。

④Fry（1982，1988）的观点。Fry 认为投资规模与其效率将决定经济增长，而在发展中国家，在很大程度上这两者受货币金融因素的影响。Fry 认为，实际增长率在静态均衡的条件下必等于正常增长率；然而由于实际增长率由正常增长率和周期性增长率两部分构成，所以二者在动态经济中未必相等。Fry 在其模型中还引入时滞因素，这样可以更准确

地反映储蓄和投资的变化与经济增长之间的实际影响关系。

（2）第二代麦金农、肖学派

第二代麦金农、肖学派从20世纪80年代末开始盛行，一直到90年代中期。代表人物有Smith、Bencivenga、Greenwood、Lucas和Levine等。这一时期的金融发展理论出现了新特征，从效用函数的角度入手，尝试对金融机构与金融市场形成机制进行解释。为了对金融机构和金融市场的形成做规范性的解释，他们采取了再比较研究的方法，建立了各种微观基础上的经济模型，引入了诸多与完全竞争相悖的因素，如不对称信息（道德风险与逆向选择等）、不确定性（偏好冲击与流动性冲击等）和监督成本等。

①金融体系的形成。在Smith和Bencivenga（1991）的模型中，导致了金融机构形成的是当事人不可预料的（或随机性的）流动性需要，金融机构的主要作用不是克服信息摩擦，而是提供流动性；在Smith和Schreft（1998）模型中，导致了金融机构形成的是空间分离和有限沟通。在该模型看来，当事人面临迁移风险。为了规避迁移风险，当事人需要通过金融机构提供服务；在Kapur和Dutta（1998）模型中，当事人的流动性偏好和流动性约束是产生金融机构的原因，当事人可以持有金融机构存款，而与其他公共债务和法定货币相比，在流动性方面，金融机构存款是流动资产，相对效率较高，这样能有效缓解流动性约束对消费行为的负面影响。内生金融市场模型中具有代表性的有：Greenwood和Smith模型，Boot和Thakor模型。这些模型不但给出了金融市场的形成机制，同时也给出了金融机构的形成机制。在金融市场的形成问题上，Greenwood和Smith（1997）在模型中提出了“门槛效应”这个概念，即指当经济发展到一定程度后，参与成本才会降下来，才会有较多的交易发生，进而金融市场才会得以形成。也就是说金融市场的参与成本或固定运行成本导致了它的内生形成。Boot和Thakor（1997）从生产角度进行了研究，他们认为生产者通过存钱的活动为金融机构提供存款；然后再通过金融机构的贷款活动，为生产者提供资金。

②金融体系的发展。金融市场和金融机构形成之后，并不会是静态一成不变的，而是随着该国内外环境的变化而相应改变，一些经济学家着重于研究该动态发展过程，试图从理论上对其进行解释。Greenwood和Smith（1997），以及Levine（1993）分别在各自的模型中引入了固定

的交易成本（或固定的进入费）的概念，以此来解释随着人均财富和人均收入的增加，金融机构和金融市场是如何发展的。在经济发展的早期，金融机构和金融市场不存在，因为人均财富与人均收入都很低，大家缺乏对金融服务的需求，金融服务的供给也就根本无从产生。然而，当经济发展到一定程度和规模时，其中一部分人会优先富裕起来，当他们的财富积累达到一定临界值时，已经具备进入金融市场的相应资质和能力，也对金融机构和金融市场提出了更高的要求。只有达到这个阶段，金融机构和金融市场才会得以创立。并随着经济进入高度发展阶段，财富和收入达到或超过上述临界值的人日趋庞大，利用金融机构和金融市场的人日趋增加，需求越来越强烈，进而金融机构和金融市场会得到不断发展。

（3）金融约束论

由于发展中国家金融自由化的进程及结果表现并不理想，导致很多学者对以往的经济发展理论进行了修正。Stiglitz 在基于新凯恩斯主义学派已有成果基础上，总结金融市场中市场无效的原因，他认为政府对金融市场监管方式不应该采用直接控制机制，而应该是间接控制机制，并需要依据一定的准则设定监管标准和范围。Murdock、Hellman 和 Stiglitz（1997）又在 Stiglitz 的基础上提出了金融约束理论，即《金融约束：一个新的分析框架》一文。

①金融约束理论的核心内容

Hellman 等人认为金融约束概念是指政府为了达到防止金融抑制危害与促使银行主动规避风险共存的目的，通过一系列金融政策组合，在民间经济部门创造租金机会。为了实现租金在金融部门和生产部门之间的间接配置，需要设立一些金融限制准则，如对市场准入管制、存贷款利率管制，甚至对直接竞争进行限制。从而实现通过租金来激励生产企业、金融机构和普通居民之间的投资活动、生产活动以及储蓄活动。在此过程中，政府可以采取一定的政策为金融机构创造条件，从而促进金融深化。

②金融约束与金融抑制的差异

Hellman 等人认为，金融约束创造租金机会，而金融抑制只产生租金转移，并认为租金创造和租金转移二者之间有本质区别。在金融抑制下，其本质实际上是政府从民间部门掠夺资源。表现在两方面：首先，政府制造高通胀，使得财富由民间部门转移至政府手中；其次，政府又是各种利益集团竞相寻租活动的目标。而金融约束是为金融中介创造租金机会，这些租金机会的产生是因为存款利率调整造成的存贷利差，银行一方面扩张其存款基数，另一方面严密监控其贷款资产组合，通过促进金融深化获得这些租金。

③金融约束的效应

Hellman 等人认为在发展中国家中，比对银行资本控制更有效的是存款利率管制。在金融约束下，金融机构只要能获得新增存款就可实现租金机会，这种激励很大程度上提高了银行揽存的积极性。与此同时，如果政府再对市场准入进行严格限制，就能更有效地促使银行加大投资以吸收更多的存款，从而达到增加资金供给的目的。储蓄机构数量的合理扩张，就能吸纳更多的存款。而对发展中国家的金融深化来说，金融机构能够吸纳更庞大的储户是一个重要的因素，因此，金融约束一定程度上促进了金融深化。

Murdock、Hellman 和 Stiglitz 基于对东南亚经验的总结提出了金融约束论。东南亚金融危机爆发后，对先前的金融约束论进行了重新研究，并得出这次危机正好从反面角度证明了他们理论正确性的结论。事实上，金融约束只是一个过渡性政策。在发展中国家从金融抑制状态走向金融自由化的过程中，针对发展中国家在经济转轨过程中存在的种种问题，例如金融监管不力、信息不畅等，金融约束正好发挥政府在市场失灵下的作用。因此可以看出，金融约束与金融深化并不是完全对立，相反却是金融深化政策理论的延续与丰富。

2.1.4 金融发展与经济增长的关系

长期以来，有个经济学家们经常争论的问题，就是金融与经济之间的关系。而正是对上述两者关系认识的不断深入过程，形成了金融发展理论的演变历史。

长期以来，金融在经济发展中的地位和作用受到忽视。不管是占主流地位的西方传统经济学理论，还是发展中国家经济发展的摸索实践，都没有认真考虑过金融与经济之间的相互关系。在传统的货币和金融理论中，货币被基本假定为只具有交换媒介功能，这就是所谓的货币“面纱观”。直到维克塞尔的出现，提出了一个“货币具有价值贮藏功能”

的基本假定。该假定认为货币对资本积累有促进作用，因此货币对经济增长也有推进作用。继维克塞尔之后，凯恩斯又发表了著名著作《通论》，他认为人们对货币有投机需求，因此货币对经济增长还具有实际影响的作用。但是各国在推行经济发展的纲领计划中，依然都漠视金融因素，金融在经济发展中依然处于从属和被支配地位。

在 20 世纪 60 年代以前，Johnlocke、Joseph Schumpeter 和 Adam Smith 等人分别从不同角度阐述探讨了金融与经济发展的关系。尽管都还是些非常零散的研究，但也算是现代金融发展理论的渊源。直到 20 世纪五六十年代，金融才被提到了“经济发展的核心”这一重要位置。标志就是 Edward S. Shaw 和 John. G. Gurley（1955）发表的《经济发展中的金融方面》一文，以及随后他们在 1960 年出版的《金融理论中的货币》。

1960 年，Edward S. Shaw 和 John. G. Gurley 提出了货币金融理论，该理论认为：多样化的金融资产以及储蓄与投资之间的差额是金融制度存在的前提。在整个储蓄与投资的转化过程中，金融制度安排是实现储蓄转化为投资的必要条件。这里提到的具体金融制度，应该是由多样化的金融市场和金融工具以及多种金融机构组成。在一定程度上可以说，金融制度直接决定了经济运行中的资源配置效率。

1966 年，Patrick 发表了《欠发达国家的金融发展和经济增长》一文，首次提出了两种金融与经济之间关系问题的研究方法，即“需求追随”和“供给领先”。前一种方法强调，由于经济实体对金融服务的需求，才导致了金融机构、金融资产与负债和相关金融服务的产生，该方法侧重于对金融服务的需求方。第二种方法是强调金融机构、金融资产与负债和相关金融服务的供给，通过供给引导需求，即先于经济主体对金融服务的需求，侧重于金融服务的供给方。Patrick 进一步指出，“供给追随”研究方法长期以来一直被学术界和理论界忽视，建议将上述两种研究方法结合起来一并研究。在经济实践中，“需求追随”与“供给领先”常常混合在一起，二者之间的逻辑关系应该是：在经济发展的初级阶段，占据主导地位一般是“供给领先”型金融；当经济发展到一定阶段时，主导地位将逐渐被“需求追随”型金融取代。最优顺序问题不但在上述两者之间，还可能在部门之间和部门内部存在。因为金融中介促使人们有更大的储蓄和投资意愿，金融体系还对资本存量具有重大影响，主要体现在三个方面：一是可以提高新资本的配置效率，二是可以提高既定数量的有形财富或资本的配置效率，三是可以加快资本积累的速度。基于对金融发展对国民财富的构成及使用的影响的研究，该文还提出了落后国家应该优先发展金融，采取货币供给带动的政策。

1969 年，Goldsmith 在《金融结构与金融发展》中提出了“金融结构理论”，奠定了现代金融发展理论的基石。首先，金融结构与金融发展的概念由 Goldsmith 率先提出，所谓金融结构，是指一国金融机构和金融工具的性质、形式以及相对规模。可以使用一些指标来量化研究一个国家金融结构，金融资产相关率（FIR）和新发行率（NER）是其中最重要的两个指标，金融相关率可以定义为

$$FIR = FT/WT$$

其中，FT 为金融活动总量；WT 为经济活动总量。

2.1.5　金融抑制与金融深化理论

1973 年，Shaw 和 Mckinnon 出版了《经济发展中的货币与资本》和《经济发展中的金融深化》两本著作，标志着以发展中国家及地区为研究对象的金融发展理论真正产生，在这两本著作中，他们首次提出了“金融抑制”与“金融深化”理论。他们认为传统货币理论只能适用于发达国家，而在发展中国家不能成立。他们是这样解释的，因为在发展中国家往往不符合传统货币理论的假定条件，即金融市场极为健全，信用工具多样，资本可兑换等。由于自然经济在发展中国家占比很大，导致经济商业化、货币化程度都很低，进一步抑制了金融市场以及信用工具发展。金融市场实际上处于被割裂状态，即所谓的二元结构：这其中既有采用了现代化管理的国外大银行分支机构，也有这些国家自己的国有银行，甚至还有传统金融市场中的钱庄、当铺和高利贷组织等，这些金融机构的规模大小不一，管理水平参差不齐，但他们相互并存于发展中国家的经济体系中。此外，没有规模效应的小规模生产和投资，与一些大中城市中相对发达的现代化经济部门形成了巨大反差。

当然 Shaw 和 Mckinnon 在某些领域还是存在着一定的阐述分歧，如不同的货币需求函数，尽管如此，两人的基本观点是一致的，这主要体现在四个方面：第一，经济发展和金融体系之间存在联动关系、相互制约、相互影响也可相互促进。一个健全的金融体系可以加大社会储蓄的动员能力，并提高储蓄转化投资的效率，实现经济发展；反之，当经济

发展到一定程度，随着收入与财富增长，对金融服务需求也随之增长，从而反过来促进金融业发展。然而在发展中国家，上述情况却又截然不同，经济发展滞后阻碍金融业的发展；同时金融业不完善也对经济增长很难发挥促进作用，两者之间表现出恶性循环，而非前述的良性循环。第二，恶性循环的根本原因是金融抑制。由于发展中国家制度上的设计缺陷以及政府政策上的失误，导致政府对经济活动的各个领域的行政干预过多，过多的人为管制阻碍了金融业健康发展，对经济增长副作用明显。第三，在发展中国家容易形成经济停滞与金融抑制之间的恶性循环。即金融抑制不但增加了政府财政赤字，而且加剧了通货膨胀，而这种情形下，政府又将会进一步采取抑制手段。第四，必须放弃“金融抑制”，推进“金融深化”政策，实现金融对经济增长发挥促进而非抑制作用。

对发展中国家来经济说，Shaw 和 Mckinnon 的理论观点多有积极的借鉴意义，但他们的理论也有局限性存在，主要表现在对金融自由化前提条件的认识方面，因而许多发展中国家的金融自由化实践并没有他们认为的有效。

20 世纪 80 年代以后，金融发展理论研究不断得到深化。到了 20 世纪 90 年代，一些经济学家认为金融抑制模型本身存在诸多缺陷（如效用函数的缺失等），对 Mckinnon - Shaw 理论框架的修修补补无法满足进一步的理论发展。并据此认为他们的理论分析框架提出的所谓政策建议可能有所偏激，比如在发展经济中或转型经济中实行金融自由化等情况。对该理论深化有贡献的主要学者有：Kapur、Stiglitz、Hellman、Levine 和 King 等人。基于最新内生经济增长理论的发展，他们进一步丰富了金融发展理论，将内生经济增长理论和内生金融中介理论融入一体，试图解释金融市场和金融中介的形成过程，从一个全新的角度系统阐述了金融发展和经济增长之间的内在逻辑关系。

所谓金融约束其实是一组金融政策的集合，如政府控制存贷款利率以限制市场准入门槛和资本市场的竞争，上述政策目的是为生产部门和金融部门提供必要的激励，制造租金机会，并在追逐租金机会时将私人信息并入配置决策，从使那些有碍于完全竞争的与信息有关的问题得到缓解。需要强调的是这里的租金是指：收益中超出竞争市场所能产生的部分，并不是毫无供给弹性的生产要素收入。但同时金融约束也是有条件的。

第一，稳定的宏观经济环境；第二，实际利率维持较低的正值水平。金融约束与金融抑制二者有本质区别，金融约束是指政府主动创造租金机会，以激励民间部门充分发挥自身优势，积极规避潜在的道德风险和逆向选择行为；金融抑制是指政府故意将名义利率保持在远低于通货膨胀率的水平，实现从民间部门攫取租金。从二者的概念理解可以看出，适度的金融约束有利于经济发展，而严重的金融抑制往往会阻碍经济发展。金融约束其实是一个过渡性政策，能有效解决发展中国家经济运行过程中普遍存在的信息不畅、监管不力等问题。基于前述分析论证，金融约束理论认为选择性的政府干预一定程度上有助于金融发展，偏重于在金融发展中政府干预所起到的作用。金融约束是处于金融抑制和金融自由化之间的一个过渡阶段，是二者转化的必经路程。金融约束通过一种动态的政策制度设计，实现一个金融服务体系从受管制型转变为市场型。因而，对发展中国家的金融深化来说，金融约束比金融抑制更具有研究意义。金融抑制与金融约束之间的关系可以描述为如图 2. 1 所示：

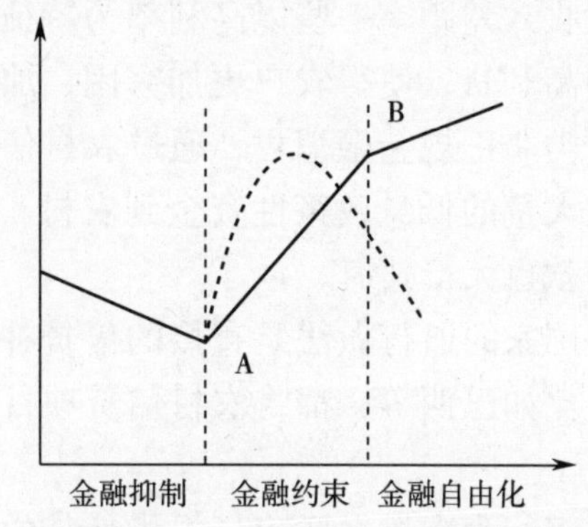

图 2－1　金融发展的不同阶段：金融抑制与金融约束

图 2－1 将金融抑制、金融约束之间的关系表现得十分形象。在金融抑制的终点（A），即是金融约束起点，虚线表示经济增长，可以看出金融约束能有效促使经济增长；与此同时，在实现经济增长的同时，对金融的发展也有促进作用，形成一种良性循环，使得经济发展表现出加速情况。随着金融深化逐渐深入，金融约束呈现下降态势，最终实现金融自由化（B）。若在金融抑制的起点直接实行金融自由化，则经济增长与金融发展之间的关系就如同虚线那般描述，在经济繁荣背后，隐藏着巨大的风险，很多国家的发展经验都验证了这点。

2.2 有关农村金融市场的理论

2.2.1 农业补贴论

在20世纪80年代以前的农村金融理论中，农业信贷补贴论处于主导地位。该理论支持的农村金融战略中，信贷供给应该先行。该理论有个前提条件：农村居民（特别是农村中的贫困阶层）储蓄能力不足，甚至没有储蓄能力，这样慢性资金不足成了农村面临的重要问题。而且对农业产业来说，以利润为目标的商业银行融资几乎不可能以它为对象，因为其具有收入不确定、投资周期长、收益率低等特性。因此该理论认为：增加农业生产和缓解农村贫困问题的主要途径是，必须从向农村注入政策性资金，且资金的分配必须由非营利性的专门金融机构来负责。

根据该理论，必须保证对农业的融资利率低于其他产业，才可以缩小双方之间的结构性收入差距。一些以高利率为特征的非正规金融，比如地主和商人发放的高利贷，使得农户更加穷困，加剧阻碍了农业生产的发展。应该促使这类非正规金融消亡，通过农村信用合作社与银行的农村地区支行，注入大量的低息政策性资金到农村。与此同时，以贫困阶层为目标的专项贷款也大行其道。

事实上，发展中国家的通行做法是直接的信贷补贴。包括中国在内的很多发展中国家，比如巴西等，都将农村信贷项目作为农村发展战略的重要组成部分。

但是通过专业化银行为农村金融市场提供信贷的模式还面临很多挑战：如信贷市场信用缺失以及银行偿还率低等问题；政府补贴也不是银行的一种长期可持续性方式；银行监管不力、职工缺乏责任心，容易造成职权寻租、靠关系贷款；农村银行大多盈利低，甚至出现亏损。因此农业信贷补贴论尤其先天上的缺陷，主要表现在：

①在农村可以持续得到廉价优惠资金的，会使得信贷机构无法有效动员农村储蓄，缺乏充足的资金来源，因为农民没有储蓄的动力，这样农业信贷就会变成纯粹的财政压力。

②农村的穷人可能很难成为低息贷款的主要受益人，低息贷款会转移到集中使用资金的较富有农民身上。因为贷款给小农户会造成较高的

交易成本，而很低的利率使得农村信贷机构无法获得相应的收益补偿，那么信贷机构的分配就会偏向于照顾大农户、较富裕的农户。

③因为农村信贷机构是政府支持的，所以承担的经营责任不多，缺乏对借款方投资和偿债行为的有效监督，这样就造成借款方恶意拖欠贷款。

20 世纪 80 年代以后，农村金融市场论在对农业补贴论的反思中逐步发展成形（BeSley，1994；McKinnon，1973；Yaron，1998；Vega，2003 等）。

2.2.2 农村金融市场论

农村金融市场论的代表学者是亚当斯等人，在批评农业补贴论的基础上，他们逐步发展起来这个理论。与农业补贴论相比，农村金融市场论具有完全相反的假设前提。前者认为政府向农村提供金融服务是基于以下因素：一是农业先天固有的弱质性，如季节性、波动性、交通闭塞和信息不畅等，这些固性导致农村信贷风险高、交易成本高，在这种情况下，监管机构认为农村金融市场对私人信贷机构不具有吸引力，应该建立带有政府性质的专门金融机构为农村地区提供必要的金融服务；二是贫困地区储蓄有限，担保缺失，需要政府提供行政干预；三是试图通过低利率正规融资渠道挤出民间非正规资本，打击农村地区的高利贷等非正规金融的融资行为。基于上述目的，如何去建立一个有效的农村金融市场并不是政府关注的重点，政策反而制定偏重于行政直接干预，而不是创建一个适合农村金融市场健康发展的外部良好环境，以便实现农村金融市场健康、可持续发展。而农村金融市场论认为，广大农村地区具有一定的储蓄能力，政府没有必要建立带有政府性质的专门金融机构为农村提供资金；此外，非正规金融市场也有其存在的价值，它们可以在一定程度上弥补正规金融市场的供给不足，高利贷等既然存在，就说明存在实际需求，就必然有其存在的合理性；应该侧重于如何消除农村金融市场抑制，取消低利率上限和信贷补贴政策。针对农村金融市场化的演变路径，提出了对应的具体政策建议：

（1）推行利率市场化。发展中国家为实现经济高速发展，一般普遍采取低利率或高通胀政策，甚至两者并存的政策，整体维持在一种负利率环境，这就导致资金实际收益率过低甚至为负数，挫伤了普通居民向农村金融机构储蓄的意愿，由于利率水平不能反映市场真实需求，这种资本市场扭曲状况，不利于金融经济的发展。所以大力推行利率市场化是实现金融抑制到金融深化的必由之路。

（2）构建多样化的农村金融体系。在传统的农村金融市场中，由于农业信贷补贴政策存在，这种隐性的政府担保导致农村信用状况堪忧，贷款偿还率低，信息不对称所产生的逆向选择和道德风险，导致实际交易成本严重偏高，使得农村金融机构无法实现可持续发展。非正规金融的存在和发展，恰恰说明了农村金融市场交易成本高的特征。农村金融市场的垄断可以通过非正规金融市场的发展来打破。

（3）政府政策目标应与时俱进。政府的职能不应是施行直接行政干预，而是着重于一个能为农村金融市场发展提供便利的有利环境。并在市场失灵或存在外部重大因素影响时，采取适当干预措施引导市场的良性循环发展。

（4）农村金融机构可持续发展。要同时考虑到两个方面：一是农村金融发展对经济增长的促进作用，二是农村金融的可持续发展以及覆盖面的拓展。为了做到效率与公平兼顾，应该制定有异于农业补贴论的农村金融机构业绩评价标准。

农村金融市场论大力反对政策性手段对金融市场的扭曲，强调利率的市场化，完全依赖市场机制来解决问题。该理论认为，补贴信贷活动存在一系列缺陷，通过利率自由化可以使农村金融机构获得收益，以补偿其经营成本。这样就可以像其他的金融实体那样要求它们，当然要承担适当的利润限额；同时，利率自由化也能促进金融中介机构动员农村储蓄的积极性，不必完全依赖于外部的资金来源，并且还提高他们管理监督的责任心。

2.2.3 不完全市场竞争理论

20世纪80年代以后，农业补贴论的影响日趋削弱，但又有一种新理论为发展中国家政府的干预政策提供了理论指导，那就是建立在现代经济理论基础上的不完全竞争理论。这一理论的代表学者为Stiglitz等人，他们的理论基础建立在对金融自由化假说的批判上。

20世纪七八十年代，在金融深化理论的影响下，拉丁美洲和东南亚国家及地区都开始了迈向实现利率市场化之路，纷纷放松金融管制。但是金融问题与危机开始出现在前苏联转轨中，以及实现金融自由化的实践过程中，这些现象使得一些学者开始对金融市场失灵进行反思，他们认为金融抑制在以信贷为基础的体制中还是有好处的，如经济部门或单位可以更快获得信贷，避免证券市场短期非理性行为，政府可以拥有必要的行政影响力。

1981 年，“不完全信息市场上的信贷配额模型”由 Stiglitz 和 Weiss 提出。对于发展中国家的金融市场问题，他们从微观角度进行了研究。一些诸如信息不对称、信贷市场逆向选择与道德风险等严重问题，存在于发展中国家的正规金融市场上。信贷供给者是要同时考虑收益和风险的，因此信贷市场均衡是通过利率的甄别和激励机制来选择的，这要比麦金农假定的市场均衡情况复杂得多，他们依据大量错误的经验得出金融抑制导致资源配置无效的观点，反对发展中国家采取金融抑制政策，而该观点忽视了信贷市场与其他市场的差别。在某些情形下，比如不完全竞争市场或信息不对称市场，合理适当的政府干预反而有利于经济发展。

对实践中相应的政策建议是：一是政府应该着重创造有利于金融市场发展的宏观外部环境。二是针对特定部门有低息融资需要的情况，应该建立政策性银行向之提供。而有监督的信贷政策，可以作为激励体制在较低的利率产生过剩需求时发挥作用。国家与经济部门或单位之间应该定位成长期合作的关系，彼此信任和相互合作能够使贷款人监管更有效。三是针对减少信息的不对称的情况，政府应鼓励农村地区设立担保制度，加大同行监管。

发展中国家在金融实践中，形成的金融抑制、金融深化与金融约束论，就是上述三种理论的分别对应。

2.2.4 对以上三个理论的评析

从农村金融市场发展理论的演变可以看出，政府在农村金融市场中扮演何种角色，就是农村金融问题研究的核心。发展中国家独立后实行的是工业化发展战略，政府使用强制性政策来实现金融资源向工业化建设集中，农业补贴论由此而来；农村金融市场论认为，金融抑制是由于政府干预导致的，应该由市场机制替代政府干预，来完成金融资源的配置，消除农村金融市场中效率低问题；不完全市场竞争论认为，发展中国家的金融自由化状况不理想，必须通过政府干预来纠正金融市场失灵。在实践中，上述理论都具有缺陷与不足。

农业补贴论对非正规金融持歧视态度，试图利用低利率政策挤出非正规金融市场，过分强调了政府在农村金融市场中的作用。而发展中国家政策实行的实践结果显示：贫困农户依然只能依靠高利贷等非正规金融融资，而同时大量低息贷款集中到了少数富裕农户手中。感觉到政府干预政策的重大不足，发展中国家期望通过金融自由化的过渡，来实现金融抑制向金融深化的转化。在金融深化理论的影响下，亚洲、拉丁美洲及一些转轨经济国家，减少了政策干预，放松了国内金融管制，然而忽略了国内宏观经济的不稳定、相关配套政策缺乏的环境，最终引发了金融危机。不完全竞争市场论认为，完全竞争市场在现实中是不存在的，政府必须通过适当的作为应对市场的不完全性要求。但与农业补贴论相比，不完全竞争市场论中的政府干预有明显的区别，后者认为与其他市场相比，信贷市场与资本市场在功能上有显著不同，强调政府以市场机制为基础进行适度干预。在实践中许多国家是既不选择放任态度，也不选择传统的严厉干预政策，而是选择审慎管理金融政策。

在农村金融市场发展实践中，发展中国家普遍采取了政府干预政策。金融深化论与金融约束论，就是在对政府干预效应的理论探讨中形成的。两者存在明显的分歧，表现在理论基础、政策主张、政府与市场关系和开放程度等方面。尽管两者都以市场经济为背景，但金融深化论的分析是基于标准的一般均衡框架内的；而金融约束论强调市场的不完全性，认为市场不完全容易导致金融市场失灵，因此可以通过行政干预来弥补市场的不足。金融深化论认为，金融抑制不利于发展中国家经济发展，需要通过金融自由化来推进金融深化进程；而与此同时，金融约束论的支持者又提出了相反的观点，他们认为在发展中国家以信贷为基础的金融体制中，可以更快地实现投资，借贷双方的长期信任与合作有利于金融健康发展。在具体政策建议上，金融深化论认为解决发展中国家金融市场中储蓄不足以及投资效率低下等问题的关键是实现利率市场化，强调利率在资本资源的配置中作为价格信号的重要作用；此外，他们认为政府应该放弃对经济的干预政策。而相反，金融约束理论认为利率应该由政府管制，认为利率管制可以提高银行监督激励，促进资金在企业和银行之间的流动，更有利于金融市场的发展。

从实践结果来看，金融深化论认为有一种简单的替代关系存在于政府与市场之间，过分强调了市场的作用；在政策建议上，过分强调利率的资源配置作用，认为只要实现利率市场化，就可以增加储蓄、促进投资，最终实现经济发展，但对利率市场化大量的实证研究表明，并没有带来上述期望的效应。金融约束论强调政府的公正与信誉，认为政府目标与公众目标是相一致的，实质上是一种国家干预下的金融市场论，但对一旦出现政府失灵的情形，并没有进行深入的探讨。国内外学者进行了大量的实证研究来证明金融深化产生的效应，然而受各自模型设定、变量参数选择不同的影响，得出的结论不尽相同。但有一点得到了大家的一致认同，就是通过金融体制改革、利率市场化来实现金融深化。

2.3 信息经济学理论

虽然历史并不悠久，但作为一门新兴的经济学分支，信息经济学的发展速度以及日渐增加的重要程度却令人瞩目。与传统的理论不同，信息经济学以不完全信息为出发点，随着对其研究的逐步深入，人们对市场经济功能的了解更加深入和本质。

在对新古典传统经济学批判的基础上，信息经济学发展成长了起来。因此为了加深对信息经济学的认识，我们不妨先研究一下新古典传统经济学的局限。新古典经济学是基于完全信息假设这样一个重要的前提，这个假设意味着市场的信息对所有参与者都是完全透明的，是现实的一种高度理想状态。其中的新古典价格理论认为，在此假设之下个人追逐私利的努力起到的作用是微不足道的，强大的市场力量最终将用供求法则实现市场均衡时，个人只能被动地接受价格。在此框架下信息是完全透明的，并且获取的成本是零，价格中已经反映了所有的信息面。

然而现实情况并非如此，信息并非对所有市场参与者完全透明，从信息的源头开始的逐层传递过程中，会出现噪音和失真；另外，市场参与者对信息的获取与处理是需要成本的。这种信息不对称的情形，在现实世界中，在我们周围到处存在。由于处理信息的成本问题，就难以实现帕累托有效均衡的结果。

正是摒弃完全信息的这一假设，信息经济学实现了对新古典传统经济学的超越。这一基本假设的改变催生了机制设计理论、契约理论的产生，可以称得上是经济学理论的重大里程碑。它为一系列经济学分支学科提供了全新的分析框架，比如公司金融学、公共经济学、企业理论、规制经济学、产业组织学、拍卖理论、政治经济学等。

下面对不对称信息问题进行具体的分类阐述：

首先是有一个很重要的概念："私人信息"（private information）。所有的不对称信息问题都毫无例外地涉及这一概念。在契约的订立或者执行过程中，有些信息并不是双方共享的，一方知道而另一方不知道，这就是所谓的私人信息。换个角度说，局外人需要花费很高的成本才能获得这些私人信息。私人信息即是别人看不到的信息。与私人信息相对的，即"公共信息"的概念。公共信息是指每个市场参与者都能够观察掌握彼此的信息。正是私人信息的存在，使得市场中一部分人比另一部分人拥有更多的专有信息，这种将市场参与者之间信息分布不均衡称为"信息不对称"（information asymmetry）。

信息不对称在市场参与者之间并不发生契约关系时，并不会有什么影响。然而，现实中信息不对称的双方往往会有契约关系发生。在信息经济学研究中，通常根据是否拥有私人信息将交易双方划分为两类："代理人"是指拥有私人信息的一方；"委托人"是指处于信息劣势的一方。任何交易的发生总是需要特定的契约将交易双方联系在一起，因此不对称信息情形下的交易，也可以称为委托人与代理人之间的契约行为。

在信息完全的假设下，那么通常委托人会让代理人按照他所期望的那样来行动。而在不对称信息条件下，情况可能截然不同，有两类问题风险存在：一是"逆向选择"（adverse selection），也就是代理人谎报真实知识给委托人；二是"道德风险"，就是代理人违背委托人意愿，采取委托人并不期望的行动。信息传递和激励是解决这类问题的良好方法。

3 农村金融发展与经济增长相互作用的计量研究

金融作为现代经济的核心，在农村经济发展中肩负的责任日趋重大，农村经济平稳健康增长离不开农村金融高效服务的支持。改革开放以来，随着市场经济体制改革和金融体制改革全面展开和不断深化，中国农村金融发展与中国农村经济增长都取得了长足的进步和发展，关系也更为密切，农村领域的经济与金融也步入了一个新的发展阶段。本章主要试图探讨中国农村经济增长与中国农村金融发展之间可能存在的相关性。首先，基于定性分析，来考察中国农村经济金融化、货币化程度，并与整个国民经济的相应发展程度进行对比，以便对中国农村金融的真实发展水平给出一个合理的评价；其次，通过构建相关计量模型，对中国农村经济增长与中国农村金融发展之间的关系进行实证检验分析，验证是否存在因果关系，并判定中国当前的农村金融发展境况是否制约着中国农村的经济增长。

3.1 中国农村经济金融化程度定性分析

农村经济货币化就是指，在农村经济的商品和劳务中通过货币为媒介的占比。而农村经济金融化就是指，在农村经济具体经济活动中，通过货币及非货币性金融工具的占比。在农村经济发展的某些特定阶段，实际上很难判定究竟是处于经济货币化阶段，还是处于经济金融化阶段，只能从总体上判断，当前处于农村经济货币化向农村经济金融化的演变阶段，并且经济金融化的趋势日益明显、比重也日益扩大。因此，在以下的分析中，对这两个概念的使用将不作严格的区别，只有在涉及较为严格定量分析时才加以区分。

为研究货币和金融对农村经济作用的程度及其变化趋势，就需要衡量农村经济金融化程度。分析农村经济金融化可从两个方面来开展：首先，定性研究农户微观经济行为，自改革开放以来，中国普通农民已日趋成为农村经济发展的中坚力量，同时也日益成为农村金融市场的主要消费者和参与者，当前中国农村经济货币化程度境况如何，应该可以通过研究农户的收入、支出和消费等行为反映出来；其次，从宏观方面看，即从农村整体现金流通情况、农村直接金融以及农村存贷款等多层次分析。

3.1.1 从农户层面定性分析农村经济货币化

由于目前对于如何衡量农村经济货币化程度的具体指标还不一致，为此，本书通过构建四个指标，即农户现金收入占比、消费中现金支出占比、年均现金支出占比以及经营支出中现金占比，来量化农村居民收入、农村居民支出等。

第一，从农村居民人均总收入以及现金收入占比来看。农产品的商品量扩大以及商品率上升是农村经济货币化的开始表现，随即导致农民总收入和现金收入水平的快速提高，在一定程度上表明了货币作为流通媒介在中国农村经济发展中的作用范围越来越大。由表 3－1 可知，现金收入在总收入中的占比由 1980 年的 52.32% 提高到 2009 年的 88.12%，年均增长率达到 2.91%。全国农村居民平均全年总收入由 1980 年的 216.22 元逐渐攀升至 2009 年的 7 115.57 元，整体增长了近 32 倍。其中，现金收入由 1980 年的 113.12 元增加到 2009 年的 6 270.20 元，增长近 55 倍，增长水平年均达到 16.74%。从上述所列数据可以看出，现金收入占比与人均总收入是同步增长的，并且前者的增长速度明显快于后者，说明随着中国农村经济增长与农民人均收入提高，中国农村货币化程度也在不断加深。

第二，从居民人均总支出以及其现金支出占比情况来看。在农村经济生产过程中，农民货币收入主要来源于农产品买卖和提供劳务，而货币支出则主要用于购买基本生产资料和日常消费品，买和卖是农村经济货币化的两个侧面，农民收入以及现金收入形式扩大，一定程度上也就直接导致了农民支出行为特别是现金支出行为的提高。从表 3－1 中可以发现，虽然农村居民总支出逐步提高，但是期间还是存在很大的变化，波动性比较强。比如，1980 年的农村居民人均年总支出为 195.52 元，2009 年则为 6 333.89 元，比 1980 年增长了近 32 倍，年平均递增高达 14.44%。但是仔细查看，可以发现 1998 年和 1999 年的人均总收入都低于 1997 年的水平，从而导致这两年的总支出都要比 1997 年有小幅下降。此外，人均总支出中的现金支出，也从 1980 年的 122.93 元猛增至 2009 年的 5 694.82 元，增幅超过了 45 倍，年均增长高达 16.65%。相应现金支出在人均总支出中的占比也同步从 1980 年的 62.87% 飙升至 2009 年的 89.91%。

表 3－1　中国农村经济货币化情况　　单位：元/人

年份	人均总收入部分		人均总支出部分		生活消费部分		家庭经营部分	
	总额	现金	总额	现金	总额	现金	总额	现金
1980	216.22	113.12	195.52	122.93	162.21	83.83	24.61	13.81
1985	547.31	357.39	485.51	389.19	317.42	194.68	121.39	79.99
1990	990.38	676.67	903.47	639.06	584.63	374.74	241.09	162.90
1993	1 333.82	910.15	1 211.18	1 005.77	769.65	490.14	330.03	241.16
1994	1 789.38	1 233.48	1 635.53	1 330.40	1 016.81	648.19	458.57	327.82
1995	2 337.87	1 595.56	2 138.33	1 545.81	1 310.36	859.43	621.71	454.74
1996	2 806.73	1 927.01	2 535.16	2 137.39	1 572.08	1 076.22	709.42	523.97
1997	2 999.20	2 131.21	2 536.79	2 297.30	1 617.15	1 126.28	706.27	539.93
1998	2 995.48	2 163.61	2 457.17	2 316.35	1 590.33	1 128.16	652.48	511.60
1999	2 987.44	2 206.69	2 390.37	1 917.23	1 577.42	1 144.61	599.72	470.73
2000	3 146.21	2 381.60	2 652.42	2 140.37	1 670.13	1 284.74	654.27	544.49
2001	3 306.92	2 534.70	2 779.96	2 284.62	1 741.09	1 364.08	695.97	584.80
2002	3 448.62	2 712.95	2 923.60	2 437.72	1 834.31	1 467.62	731.01	617.41
2003	3 582.42	2 929.47	3 024.99	2 537.42	1 943.30	1 576.64	755.38	638.40
2004	4 039.60	3 234.16	3 430.10	2 862.54	2 184.65	1 754.46	923.92	788.55
2005	4 631.21	3 915.50	4 126.91	3 567.31	2 555.40	2 134.58	1 189.70	1 052.53
2006	5 025.08	4 301.93	4 485.44	3 931.76	2 829.02	2 415.47	1 242.31	1 104.07
2007	5 791.12	4 958.40	5 137.68	4 533.13	3 223.85	2 767.12	1 432.69	1 287.20
2008	6 700.69	5 736.99	5 915.67	5 257.89	3 660.68	3 159.40	1 704.53	1 550.99
2009	7 115.57	6 270.20	6 333.89	5 694.82	3 993.45	3 504.84	1 700.11	1 554.63

数据来源：Wind 咨询，新华 08 金融终端。

第三，从农村居民人均生活消费支出以及货币性消费支出占比情况来看，农村居民人均生活消费支出从1980年的162.21元提高至2009年的3 993.45元，增长了近24倍，而其中的货币性消费支出也相应从83.83元飙升到3 504.84元，增长高达近41倍，年均分别增长高达13.59%和15.98%；货币性消费支出占比也从1980年的51.68%增加至2009年的87.76%，整体提高了36个百分点，上述数据表明：通过货币媒介的现金消费支出在农村居民消费中已经达到了很高的比例，实物性消费的占比已降至很低的程度。例如2009年，在农村居民人均货币性支出占比中，食品占比达到41%，居住类占比达到20%，衣着占比达到6%，交通和通讯、医疗保健、文化用品及服务支出整体占比高达28%，家庭设备及服务则达到5%。一般而言，为消费服务是经济增长的最终目的，即表现为现金消费支出相对于实物性消费支出的占比扩大，更是从一个侧面反映出了农村经济货币化程度，通过数据比对分析，农村经济货币化程度由此可见一斑。

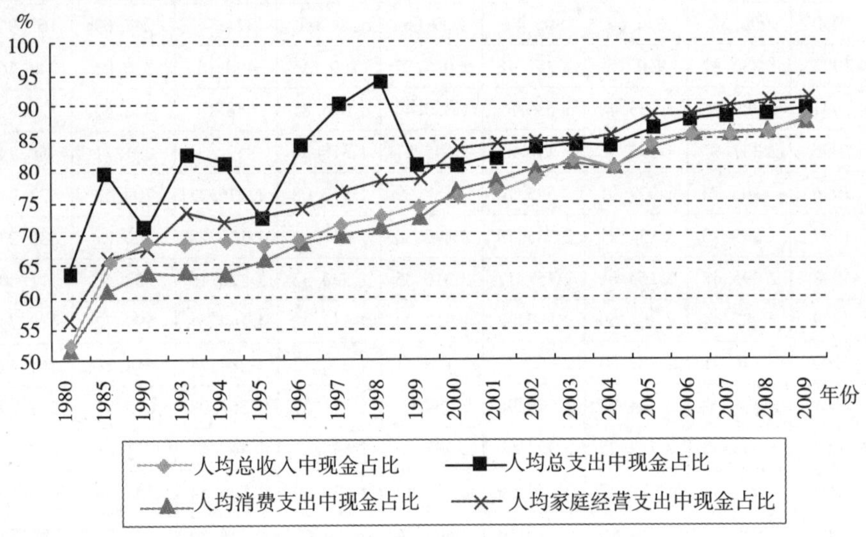

数据来源：Wind 咨询，新华08金融终端。

图3－1　中国农村经济货币化情况

第四，从中国农村居民人均家庭经营支出以及货币支出来看。农村居民人均家庭经营支出2009年为1 700.11元，而1980年才24.61元，增长超过68倍，年均增长高达17.59%，同时高于年收入增长率16.74%以及人均纯收入增长率14.45%，表明农户的经营成本越来越大。比对数据可以看出，尤其在是1998年和1999年，这两年由于农民收入下降，特别是农业收入下降，农户投资积极性严重受挫，与1996年和1997年数据相比，农村家庭经营支出普遍减少。从现金支出数据来看，已从1980年的13.81元提高到2009年的1 554.63元，增长近112倍，年均增长率已达20.49%，相应地占比也从1980年的56.12%飙升至2009年的91.44%。家庭作为农村最基本的生产单位，生产和生活作为农村居民最重要的社会活动，人均家庭经营费用支出中的份额变化，在一定程度上也反映出农村经济货币化的情况。

在图3-1中可以发现，前面提及的四个量化农村经济货币程度的指标变化，而且变化非常相近，都呈现了同步的上升趋势，这种情形说明，从农户收入、生产、生活行为等方面来说，农村货币化程度都在提高。

3.1.2 从农村宏观金融角度定性分析农村经济货币化

若是从宏观角度考察中国农村金融发展状况，还需要构造两类指标来进行衡量：第一就是农村经济货币化程度指标，即 M_2/GDP；第二就是农村金融相关率，即FIR。虽然上述两类指标在衡量金融化方面得到广泛应用，但是也遭到了一些学者的批评和质疑，如Levine（1996）认为，M_2/GDP 作为指标既不能有效概括负债的来源，也不能衡量整个金融系统的资源配置情况，其外，在理论上，这一比率与经济增长之间也没有实际关联，进而指出将银行信用看做指标有助于金融发展的度量。国内学者认为中国的 M_2/GDP 较高的原因，主要是由于长期的通货膨胀、交易手段的落后以及支付系统效率低下等因素使然，而并非反映中国较高的金融发展水平，所以使用 M_2/GDP 来衡量金融发展水平比较片面（王毅，2002；李广众、陈平，2002）。由于FIR是基于 M_2/GDP 基础上的改进和扩展①，因此在利用FIR指标来衡量农村金融发展水平时，对所得结论也应该保持一定谨慎态度（姚耀军，2004）。一些学者也指出是否可以通过银行信贷余额占GDP的比重，即L/GDP，作为另一个度量金融发展水平的指标（Arestis，2001）。

① 金融相关率FIR是由戈德史密斯于1969年提出的，其定义为某一时期内金融活动总量（TF）与经济活动总量（WT）的比值。决定这两个总量的因素非常复杂，人们习惯用一国的金融资产总量同国民生产总值GNP（或国内生产总值GDP）的比值来表示金融相关率。张杰（1995）指出，戈氏指标完整的表达式为 $(M_2+L+S)/GNP$，其中 M_2 为广义货币存量，L为各类贷款，S为有价证券。

首先，从农村金融资产的总量和结构角度分析。按当年价格计算，中国农村金融资产总量由1980年的941亿元增加到2009年的154 074亿元，增长了近163倍，并且内部各项资产也均呈现出稳定上升趋势。从农村金融资产内部结构及其变化情况看，农村金融资产的绝大部分主要是由农村现金流通、农村存款、农村贷款构成，这些对农村经济增长和经济金融化发展贡献巨大。相比较而言，农村企业直接融资的渠道窄，从表中数据可以看出，农业上市公司股票融资额即农业保险保费所占份额非常低，这也反映出农村经济发展缺乏相应的保险作为安全网，农业自身的弱质性导致自身风险很大。

表3-2　中国农村金融发展水平　　单位：亿元，元/人

年份	现金流通量	存款	贷款	金融资产总量	农村 GDP	M_2/GDP	L/GDP	FIR
1980	242	442	257	941	1 644	0. 42	0. 1565	0. 5727
1981	277	494	286	1 057	1 928	0. 40	0. 1483	0. 5484
1982	307	578	333	1 219	2 241	0. 40	0. 1488	0. 5441
1983	370	677	394	1 443	2 538	0. 41	0. 1555	0. 5685
1984	554	855	714	2 124	2 970	0. 47	0. 2405	0. 7153
1985	691	924	816	2 432	3 313	0. 49	0. 2464	0. 7339
1986	852	1 215	1 138	3 206	3 863	0. 54	0. 2946	0. 8298
1987	1 018	1 512	1 457	3 987	4 632	0. 55	0. 3145	0. 8608
1988	1 493	1 738	1 722	4 954	5 587	0. 58	0. 3082	0. 8866
1989	1 640	2 307	1 888	5 836	6 312	0. 63	0. 2990	0. 9245
1990	1 851	2 879	2 259	6 989	7 523	0. 63	0. 3002	0. 9290
1991	2 224	2 986	2 715	7 925	8 261	0. 63	0. 3286	0. 9593
1992	3 035	3 742	2 856	9 634	10 286	0. 66	0. 2776	0. 9366
1993	4 105	4 834	3 143	12 083	14 888	0. 60	0. 2111	0. 8116
1994	5 102	6 133	4 168	15 404	20 385	0. 55	0. 2044	0. 7556
1995	5 519	8 339	5 234	19 093	26 587	0. 52	0. 1968	0. 7181
1996	6 161	11 360	6 364	23 886	31 503	0. 56	0. 2020	0. 7582
1997	7 124	13 622	7 661	28 408	34 957	0. 59	0. 2191	0. 8126
1998	7 842	14 735	8 813	31 391	36 758	0. 61	0. 2397	0. 8539
1999	9 419	16 920	9 769	36 108	39 354	0. 67	0. 2482	0. 9175
2000	10 256	18 348	11 161	39 767	41 784	0. 68	0. 2671	0. 9517
2001	10 982	22 538	12 744	46 265	45 000	0. 74	0. 2832	1. 028
2002	12 094	26 650	14 674	53 419	48 884	0. 79	0. 3001	1. 092
2003	13 822	32 681	17 759	64 263	54 175	0. 86	0. 3278	1. 186
2004	15 027	38 612	19 748	73 388	63 362	0. 85	0. 3116	1. 158
2005	16 822	46 621	19 008	82 452	73 176	0. 87	0. 2597	1. 126

续表

年份	现金流通量	存款	贷款	金融资产总量	农村 GDP	M_2/GDP	L/GDP	FIR
2006	18 950	55 456	21 024	95 431	82 623	0.90	0.2544	1.155
2007	21 234	61 043	24 616	106 894	98 330	0.84	0.2503	1.087
2008	2 395	75 440	28 487	127 880	117 821	0.84	0.2417	1.085
2009	26 772	92 799	34 501	154 074	128 037	0.93	0.2694	1.203

数据来源：Wind 咨询，新华 08 金融终端。

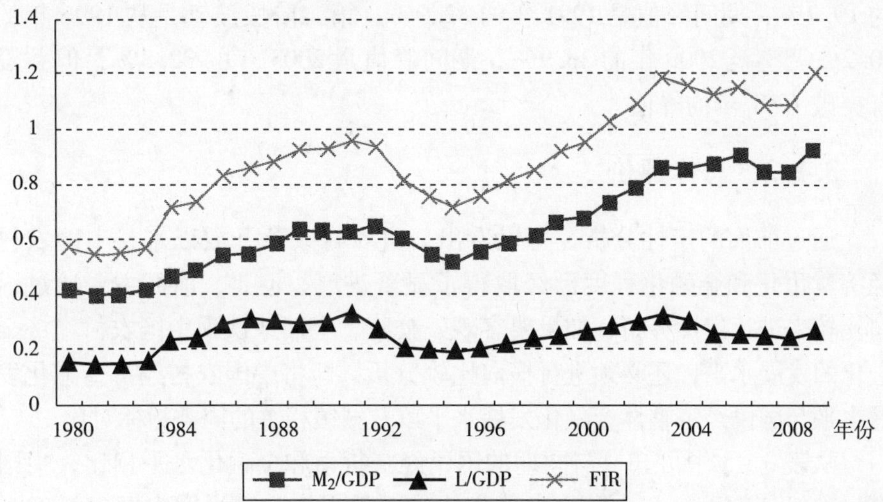

图 3-2　中国农村经济货币化、金融化程度

其次，以 FIR 和 M_2/GDP 两个指标来度量的中国农村金融发展水平，可以看出虽有波动，但基本呈现上升趋势。从表中具体数据可以看出，农村经济货币化比率已从 1980 年的 42% 迅速提高至 2009 的 93%。从 FIR 指标分项来看，1980 年的农村 FIR 为 57%，1991 年达到 95%，随后开始徘徊，但 1996 年后又才开始稳步回升，直至 2009 年农村 FIR 达 120%。仔细分析来看，究其农村 FIR 稳步上升的原因，归结起来主要是由以下因素使然：农村经济基本平稳增长，农民收入增加，金融体制改革累积效益释放，以及农民财富由实物形态向资产形态的加速转变等。从总体上讲，农村 FRI 指标变化真实反映了中国农村经济金融化取得的显著进展，此外，这种趋势与国民经济整体的金融化趋势是相吻合的，农村金融资产快速扩张，并且大大快于农村 GDP 的增速，从而促使了农村金融相关率的稳步上升。

最后，从 L/GDP 指标来看，中国农村金融发展水平也呈现出波动上升趋势。这里需要说明一下，由于中国融资机构主要是以间接融资为主，银行在整个融资规模中处于垄断地位，因此以 L/GDP 指标来衡量中国农村金融发展水平具有一定的现实意义和合理性。从表 3－2 中可以看出，L/GDP 指标并没有表现出如 FIR 和 M_2/GDP 两个指标的那种极其明显的趋势，而是相对比较平稳，并具有一定的波动性。1980～2009 年间，主要经历了两次波动，第一阶段波动是从 1980 年的 15. 7% 调整至 1995 年的 19. 7%，期间峰值是 1991 年的 32. 9%；第二阶段波动是从 1996 年的 20. 2% 调整至 2009 年的 26. 9%，期间峰值是 2003 年的 32. 8%，但并没有突破 1991 年的峰值。

3. 1. 3　总体评价

通过前面的定性分析，可以看出，自农村改革开放以来，中国农村经济货币化和金融化程度已经取得了显著进展。但是，前面主要通过纵向比较来进行定性分析，如果要客观、公正、全面地认识中国农村经济金融化的发展水平，还必须进行横向比较分析，即将中国农村经济金融化发展水平与国民经济整体金融化发展水平以及城镇相关的同类指标对比。

从表 3－3 中可知，与同期的国民经济货币和金融化水平相比，中国农村的经济货币化和金融化水平相比较要低得多。这说明中国农村经济金融化发展水平已经明显滞后于整个国民经济的金融化程度，而且这种差距还在不断地拉大（见图 3－3），截至 2009 年末，从 L/GDP、M_2/GDP 以及 FIR 三个指标来看，全国分别是农村的 4. 35 倍、1. 91 倍、3. 05 倍。此外，从金融资产总量看，中国农村金融发展水平与全国整体金融发展水平也极不协调。从表 3－3 中可以看出，农村金融资产占全国金融总资产的比值基本维持低位，即使最高年份也不过只为 23. 97%，而且从 1989 开始，农村金融资产占全国金融资产总量的份额一直呈现明显的下降态势，截至 2009 年末，这一比值已经降至 12. 32%。

表 3－3　中国农村与全国金融发展水平比较

单位：亿元，元/人

	金融资产总量		L/GDP		M_2/GDP		FIR	
年份	全国	农村	全国	农村	全国	农村	全国	农村
1980	4 942	941	0. 5311	0. 1566	0. 42	0. 42	1. 0874	0. 5727
1981	5 802	1 057	0. 5847	0. 1484	0. 45	0. 40	1. 1862	0. 5484

续表

	金融资产总量		L/GDP		M_2/GDP		FIR	
1982	6 549	1 219	0.5975	0.1488	0.49	0.40	1.2304	0.5441
1983	7 632	1 443	0.6021	0.1556	0.51	0.41	1.2801	0.5686
1984	10 069	2 124	0.6612	0.2406	0.57	0.47	1.3970	0.7154
1985	11 104	2 432	0.6550	0.2464	0.58	0.49	1.2316	0.7340
1986	14 311	3 206	0.7388	0.2946	0.65	0.54	1.3928	0.8299
1987	17 363	3 987	0.7491	0.3146	0.69	0.55	1.4399	0.8608
1988	20 651	4 954	0.7014	0.3083	0.67	0.58	1.3728	0.8867
1989	26 309	5 836	0.8451	0.2991	0.70	0.63	1.5483	0.9245
1990	32 974	6 989	0.9471	0.3003	0.82	0.63	1.7664	0.9291
1991	40 687	7 925	0.9796	0.3286	0.89	0.63	1.8680	0.9593
1992	52 773	9 634	0.9777	0.2777	0.94	0.66	1.9601	0.9366
1993	71 353	12 083	0.9323	0.2112	0.99	0.60	2.0194	0.8116
1994	90 590	15 404	0.8294	0.2045	0.97	0.55	1.8796	0.7557
1995	114 768	19 093	0.8314	0.1969	1.00	0.52	1.8878	0.7181
1996	147 093	23 886	0.8592	0.2020	1.07	0.56	2.0666	0.7582
1997	183 438	28 408	0.9486	0.2192	1.15	0.59	2.3228	0.8127
1998	210 528	31 391	1.0251	0.2398	1.24	0.61	2.4943	0.8540
1999	240 103	36 108	1.0452	0.2482	1.34	0.67	2.6774	0.9175
2000	282 072	39 767	1.0016	0.2671	1.36	0.68	2.8431	0.9517
2001	314 138	46 265	1.0243	0.2832	1.44	0.74	2.8648	1.0281
2002	354 630	53 419	1.0911	0.3002	1.54	0.79	2.9471	1.0928
2003	422 676	64 263	1.1706	0.3278	1.63	0.86	3.1120	1.1862
2004	469 361	73 388	1.1146	0.3117	1.59	0.85	2.9357	1.1582
2005	525 875	82 452	1.0527	0.2598	1.62	0.87	2.8435	1.1268
2006	660 354	95 431	1.0418	0.2545	1.60	0.90	3.0528	1.1550
2007	992 274	106 894	0.9845	0.2503	1.52	0.84	3.7330	1.0871
2008	900 000	127 880	0.9663	0.2418	1.51	0.84	2.8658	1.0854
2009	1 249 849	154 074	1.1724	0.2695	1.78	0.93	3.6663	1.2034

数据来源：Wind 咨询，新华 08 金融终端。

从收入角度来看，中国农村人均纯收入与城镇居民人均可支配收入之间差距明显，从表 3－4 中可以看出，两者之间比值基本维持在 2～2.5 倍范围之内，尤其是近几年来，这一差距呈现出进一步扩大态势，截至 2009 年末，该比值甚至扩大到 3.1 倍。1980～2009 年，中国城镇居民人均可支配收入总共增长高达 36 倍，而与其同时的农村居民纯收入仅增长

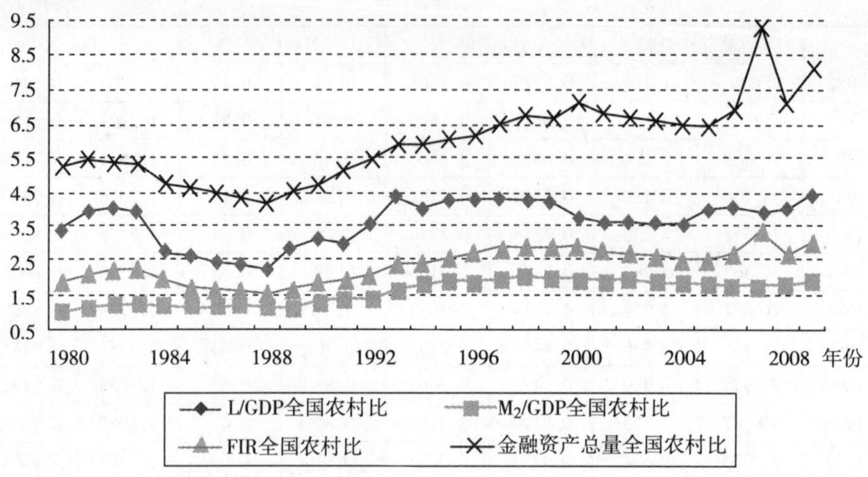

数据来源：Wind 咨询，新华 08 金融终端。

图 3－3　中国农村与全国经济货币化、金融化程度比较

约为 28 倍。城乡居民收入绝对差距从 364.48 元扩大至 10 904.45 元，如果将实物部从农户收入中剔除，二者之间的实际收入差距或许更大。前述数据表明，中国城乡之间收入水平以及货币化水平还存在巨大差异。此外，从中国城乡居民支出看，也印证了前述判断，中国城镇人均生活费现金支出与中国农村人均总支出比值，基本维持在 2～3 倍。

表 3－4　农村与城镇金融发展水平比较　　　单位：元/人

年份	人均纯收入		人均支出		存款/GDP		贷款/GDP	
	农村	城镇	农村	城镇	农村	城镇	农村	城镇
1980	113.12	477.6	162.21	412.4	0.2688	0.7018	0.1566	0.4937
1981	223.44	500.4	190.81	456.8	0.2562	0.7962	0.1484	0.6112
1982	270.11	535.3	220.23	471	0.2582	0.8385	0.1488	0.6864
1983	309.77	564.6	248.29	505.9	0.2669	0.8437	0.1556	0.7267
1984	355.33	652.1	273.8	559.4	0.2881	0.9182	0.2406	0.7128
1985	357.39	739.1	317.42	673.2	0.2789	0.925	0.2464	0.6565
1986	401.82	900.9	356.95	799	0.3145	1.0805	0.2946	0.748
1987	460.3	1 002.1	398.29	884.4	0.3264	1.1179	0.3146	0.7992
1988	586.59	1 180.2	476.66	1 104	0.3111	1.0815	0.3083	0.7496
1989	657.68	1 373.9	535.37	1211	0.3655	1.1182	0.2991	0.826
1990	676.67	1 510.16	584.63	1 278.89	0.3827	1.3129	0.3003	1.0484

续表

年份	人均纯收入		人均支出		存款/GDP		贷款/GDP	
	农村	城镇	农村	城镇	农村	城镇	农村	城镇
1991	736.84	1 700.6	619.79	1 453.8	0.3615	1.3574	0.3286	1.1364
1992	808.16	2 026.6	659.21	1 671.7	0.3639	1.3572	0.2777	1.2389
1993	910.15	2 577.4	769.65	2 110.8	0.3247	1.3748	0.2112	1.2953
1994	1 233.48	3 496.2	1 016.81	2 851.3	0.3009	1.2168	0.2045	1.3064
1995	1 595.56	4 282.95	1 310.36	3 537.57	0.3137	1.2338	0.1969	1.4222
1996	1 927.01	4 838.9	1 572.08	3 919.5	0.3606	1.2552	0.202	1.5686
1997	2 131.21	5 160.3	1 617.15	4 185.6	0.3897	1.3925	0.2192	1.6978
1998	2 163.61	5 425.1	1 590.3	4331.6	0.4009	1.5068	0.2398	1.8236
1999	2 206.69	5 854	1 577.4	4 615.9	0.4299	1.5264	0.2482	1.9675
2000	2 381.6	6 279.98	1 670.13	4 998	0.4391	1.4108	0.2671	1.9614
2001	2 534.7	6 859.6	1 741.1	5 309.01	0.5009	1.3885	0.2832	2.0242
2002	2 712.95	7 702.8	1 834.3	6 029.92	0.5452	1.4646	0.3002	2.1868
2003	2 929.47	8 472.2	1 943.3	6 510.94	0.6032	1.5471	0.3278	2.3307
2004	3 234.16	9 421.6	2 184.7	7 182.1	0.6094	1.4376	0.3117	2.2875
2005	3 915.5	10 493	2 555.4	7 942.88	0.6371	1.3249	0.2598	2.3994
2006	4 301.93	11 759.5	2 829.02	8 696.55	0.6712	1.2703	0.2545	2.3518
2007	4 958.4	13 785.8	3 223.85	9 997.47	0.6208	1.198	0.2503	2.1779
2008	5 736.99	15 780.76	3 660.68	11 242.85	0.6403	1.1617	0.2418	2.2307
2009	6 270.2	17 174.65	3 993.45	12 264.55	0.7248	1.4417	0.2695	2.646

数据来源：Wind 咨询，新华 08 金融终端。

通过以上对中国农村金融化定性分析以及与城镇相关数据的对比分析，可以看出：自改革开放以来，随着中国农村经济发展和经济总量的增长，中国农村经济货币化程度虽然也在不断加深，但是无论与全国整体发展水平比较，还是与中国城镇相应发展水平做对比，中国农村经济金融化水平都明显滞后。进一步可以肯定的是，中国当前农村地区存在金融抑制，有待金融改革和深化。而如何正确判断和认识当前中国农村所面临的金融抑制问题，如何通过改革和深化农村金融，以便促进中国农村经济快速持续健康发展，也正是本章后续研究的主要工作和关键所在。

3.2 数据来源及指标选择

3.2.1 金融发展量化指标

基于前面分析介绍已经得知，M_2/GDP 以及 FIR 两个指标来衡量金融发展水平已经受到学术界的广泛质疑和批评，故本书在后续具体实证分析中不采用这两个指标，而是使用 L/GDP 这个指标来量化中国农村金融发展水平。中国主要以间接融资为主，在中国广大农村地区资本市场的力量更是极其微弱，所以采用农村贷款余额与农村 GDP 比值指标，来衡量中国农村金融发展水平具有一定合理性和现实意义。

通过数据收集，用下列指标作为分析全国问题的依据，分别是 RL（农村贷款），RC（农村储蓄贷款），CC（城镇储蓄存款），RGDP（农村 GDP）CGD（城镇 GDP），RLG、RLG2（农村贷款与农村 GDP 的比值），RRC（农村储蓄存款与农村 GDP 的比值），RCC（城镇储蓄存款与城镇 GDP 的比值），RCLG（城镇贷款与城镇 GDP 的比值），城乡固定资产投资的比值为 RCV。

3.2.2 农村经济增长量化指标

本书使用农村人均 GDP 来量化中国农村经济增长，具体采取这两个指标：RPG（农村人均 GDP），CPG（城市人均 GDP），LnRPG 和 LnCPG 分别代表了对于农村和城镇人均 GDP 取对数，而 DLNRPG 和 DLNCPG 就代表了农村和城镇人均 GDP 的增长率。

3.2.3 数据来源

由于农村贷款余额无法直接从数据源获得，因此本书将此归结为乡镇企业贷款余额与农村贷款余额之和来进行代替。由于全国农村 GDP 等找不到一个合适的数据代替，因此本书尝试通过第一产业来近似代替农村 GDP 数据。需要说明的是，为了减轻通货膨胀带来的失真，本书通过官方公布的全国零售价格指数（以 1978 年为基年）对 GDP 数据加以去通胀调整。为了消除数据的异方差特性，本书对有关变量进行对数化处理。所有的实证分析借助于 EViews5.0 而完成。

3.3　实证理论模型

基于帕加诺模型（Pagano，1993），本节试图构建相关模型，来考察中国农村金融发展与农村经济增长之间的关联性。总产出模型如下：

$$Y = AK \tag{3.1}$$

式（3.1）中，A 为资本的边际生产率，K 为资本存量；

根据：$K_{t+1} - K_t = I_t$，并代入式（3.1）整理后即可得

$$\frac{\Delta Y_{t+1}}{Y_{t+1}} = \frac{AI_t}{Y_t} \tag{3.2}$$

其中，I 代表投资；

在一般均衡条件下：

$$\theta S_t = I_t \tag{3.3}$$

其中，θ 为储蓄向投资的转化率；

随即将式（3.3）代入式（3.2）得：

$$g = \frac{\Delta Y_{t+1}}{Y_{t+1}} = A\frac{\theta S_t}{Y_t} = As\theta \tag{3.4}$$

式（3.4）中，g 为经济增长率，s 为储蓄率。

首先，θ 为储蓄向投资的转化率，反映金融发展水平以及金融中介的服务效率。金融资产的总量 FD 与 GDP 的比率为金融发展水平量化指标，即用农村 M_2 与农业 GDP 的比率来衡量。另外，由于中国农业生产中通过股票和债券等形式的直接融资的比重微乎其微，基本仍以间接融资为主，因此在此不予考虑。

就转化率 θ 的行为影响因素，可以采用如下表现形式：

$$\theta = \theta_0 + \theta_1 \frac{M_2}{GDP} + \mu \tag{3.5}$$

式（3.5）中，μ 为随机误差项；

其次，由于资本边际生产率 A 的行为直接受资本产值率的作用，因此

$$A = \lambda_0 + \lambda_1\left(\frac{K}{Y}\right) + \varepsilon \tag{3.6}$$

式（3.6）中，A 为资本产值率，$\frac{K}{Y}$ 是资本产值率的函数。ε 为随机误

差项；从该表达式可以看出，社会的边际资本生产率是资本产值率的一个函数。

最后，储蓄率 s 受银行保证金和定期存款的影响，因此可以简单表示为

$$s = \tau_0 + \tau_1 r + \xi \qquad (3.7)$$

式（3.7）中, r 为货币市场的收益率, ξ 为随机误差项。

基于上述简要理论分析和推理，影响农村经济增长的重要变量有三，即农村金融发展水平、农业资本产值率以及实际贷款利率；并以农业投资占第一产业生产总值的比值$\left(\frac{I}{GDP}\right)$代替农业资本产值率$\left(\frac{K}{Y}\right)$，随即构造计量模型如下：

$$g_t = a_0 + a_1 \left(\frac{M_2}{GDP}\right)_t + a_2 \left(\frac{I}{GDP}\right)_t + a_3 r + a_4 D + \mu_t \qquad (3.8)$$

式（3.8）中, D 为虚拟变量。

3.4 计量方法

3.4.1 VAR 模型的一般表示

VAR 模型就是向量自回归模型，此模型是将所有的变量视为内生变量，含 k 个变量的 p 阶 VAR 模型可以表述为

$$y_t = A_1 y_{t-1} + \cdots + A_1 y_{t-1} + Bx_t + \varepsilon_t \quad t = 1,2,\cdots,T \qquad (3.9)$$

其中，y_t 是 k 维内生变量向量，p 是滞后阶数，T 是样本个数，$A_1,\cdots,A_p$ 是 $k \times k$ 维系数矩阵，B 为 $k \times d$ 维系数矩阵，ε_t 是 k 维随机误差向量，假设 $\sum$ 是 ε_t 的协方差矩阵，是一个 $k \times k$ 的正定矩阵。

可以通过最小二乘法（OLS）来对 VAR 模型进行估计，由最小二乘法可得 $\sum$ 矩阵的估计量为

$$\sum = \frac{1}{T} \sum \hat{\varepsilon}_t \hat{\varepsilon}'_t \qquad (3.10)$$

其中：$\hat{\varepsilon}_t = y_t - \hat{A}_1 y_{t-1} - \hat{A}_2 y_{t-2} - \cdots - \hat{A}_p y_{t-p}$ 。

3.4.2 Granger 因果检验

判断一个变量的变化是否是另一个变量变化的原因是计量经济学研

究中的常见问题。Granger（1969）提出了一个判断因果关系的检验方法，即 Granger Causality Tests。

Granger 检验的主要思想是：y 在多大程度上能被过去的 x 解释，以及加入 x 的滞后项是否能显著提高解释 y 的程度。如果 x 对 y 的预测有帮助，或 x 与 y 的相关系数在统计上显著，则可以认为“y 是由 x Granger 引起的”。

预测的均方误差（MSE）可表示为

$$MSE = \frac{1}{s}\sum_{i=1}^{s}(\hat{y}_{t+i} - y_{t+i})^2 \tag{3.11}$$

进而对 Granger 因果的定义，可以使用正式的数学语言进行描述，即：如果关于所有的 $s > 0$，基于 $(y_t, y_{t-1}, \cdots)$ 预测 y_{t+s} 得到的均方差，与基于 $(y_t, y_{t-1}, \cdots)$ 和 $(x_t, x_{t-1}, \cdots)$ 得到的 y_{t+s} 的均方差一致，则 y 不是由 xGranger 引起的。对于线性函数，若有

$$MSE[\hat{E}(y_{t+s} \mid y_t, y_{t-1}, \cdots)] = MSE[\hat{E}(y_{t+s} \mid y_t, y_{t-1}, \cdots, x_t, x_{t-1}, \cdots)] \tag{3.12}$$

可以得出结论：x 不能 Granger 引起 y。

3.4.3 单位根过程与 ADF 单位根检验

平稳性即指随机冲击对序列长期趋势的影响情况，研究时间序列，首先就要检验其平稳性。Nelson 和 Plosse（1982）将时间序列划分为以下两种类型：

首先数据趋势平稳过程，即时间序列围绕一个确定性的趋势项平稳波动。在这种情况下，长期趋势是由确定性的时间趋势函数主导，而不会因随机冲击而随之改变。数据生成过程可以表述如下：

$$y_t = \alpha + \beta t + e_t, A(L)e_t = B(L)\mu_t, \mu_t \sim i.i.d.(0, \sigma_\mu^2) \tag{3.13}$$

其次是差分平稳过程，即时间序列的一阶或更高阶差分是平稳可逆的 ARMA 过程。在这种情形下，时间序列本身就含有单位根，任何随机冲击都会影响其长期趋势。以一阶差分平稳过程为例，具体数据生成过程可以描述为

$$(1 - L)y_t = \beta + e_t, A(L)e_t = B(L)\mu_t, \mu_t \sim i.i.d.(0, \sigma_\mu^2) \tag{3.14}$$

目前最常用的单位根检验方法主要是 ADF 检验，即用 OLS 方法估计以下三个模型中的参数：

模型 A（初始模型）：$\Delta x_t = (\rho - 1)x_{t-1} + \sum_{i=1}^{p} \theta_i \Delta x_{t-i} + \varepsilon_t$

模型 B（加入常数项）：$\Delta x_t = \alpha + (\rho - 1)x_{t-1} + \sum_{i=1}^{p} \theta_i \Delta x_{t-i} + \varepsilon_t$

模型 C（加入时间趋势项）：$\Delta x_t = \alpha + \beta t + (\rho - 1)x_{t-1} + \sum_{i=1}^{p} \theta_i \Delta x_{t-i} + \varepsilon_t$

3.4.4 协整检验

就协整的定义，可以描述为：以 $I(d)$ 表示 d 阶单整，如果序列 $X_{1t},\cdots,X_{kt} \sim I(d)$，存在一个向量 $\alpha = (\alpha_1,\cdots,\alpha_k)$，使得 $Z_t = \alpha X'_t \sim I(d-b)$，其中 $b > 0$，$X_t = (X_{1t},\cdots,X_{kt})'$，则认为序列 $X_{1t},\cdots,X_{kt}$ 是 $d-b$ 阶协整，记为 $X_t \sim CI(d,b)$，α 为协整向量。

（1）两变量 Engle－Granger 检验

对于非平稳序列 $\{X_t\},\{Y_t\}$，用 OLS 方法做如下协整回归：

$$Y_t = \alpha X_t + \varepsilon_t$$

得到 $\hat{Y}_t = \hat{X}_t \Rightarrow \hat{e}_t = Y_t - \hat{Y}_t$

检验考察残差 $\hat{e}_t$ 的单整阶数，如果 $\hat{e}_t \sim I(0)$，则 $\{X_t\},\{Y_t\}$ 之间存在协整关系；如果 $\hat{e}_t \sim I(k), k \neq 0$，则 $\{X_t\},\{Y_t\}$ 之间不存在协整关系。

（2）多变量 Johansen 检验

对不含移动平均项的 VAR 模型：

$$y_t = \alpha + \sum_{j=1}^{p} \prod\nolimits_j y_{t-j} + u_t \tag{3.15}$$

其中，$\alpha = \begin{pmatrix} \alpha_1 \\ \alpha_2 \\ \vdots \\ \alpha_M \end{pmatrix}$，$\prod_j = \begin{bmatrix} \pi_{j11} & \pi_{j12} & \cdots & \pi_{j1M} \\ \pi_{j21} & \pi_{j22} & \cdots & \pi_{j2M} \\ \vdots & \vdots & \ddots & \vdots \\ \pi_{jM1} & \pi_{jM2} & \cdots & \pi_{jMM} \end{bmatrix}$，$u_t = \begin{pmatrix} u_{1t} \\ u_{2t} \\ \vdots \\ u_{Mt} \end{pmatrix}$。

进行差分变换，可以得到：

$$\Delta y_t = \sum_{j=1}^{p} \Gamma_j \Delta y_{t-j} + \prod y_{t-1} + \varepsilon_t \tag{3.16}$$

由于 y_t 为 $I(1)$ 过程，则差分之后的 Δy_t 即为 $I(0)$ 过程，若要新生

误差 $\{\varepsilon_t\}$ 为平稳过程，需保证 $\prod y_{t-1}$ 是一组 $I(0)$ 变量构成的向量。

如果 $R(\prod) = M$，则只有 y_{t-1} 为 $I(0)$ 变量，才能保证 $\{\varepsilon_t\}$ 为平稳过程，由于已知 y_t 为 $I(1)$ 过程，所以必须有 $R(\prod) < M$；

如果 $R(\prod) = 0$，则 $\prod = 0$，则仅是个差分方程，各项都为 $I(0)$ 变量，无须讨论 y_{t-1} 是否存在协整关系；

如果 $R(\prod) = r(0 < r < M)$，则表示存在 r 个协整组合，其余 $M - r$ 个关系仍为 $I(1)$ 关系。在此情形下，可将 $\prod$ 分解为 $\prod = \alpha \cdot \beta'$，$\alpha,\beta$ 都是 $(M \times r)$ 矩阵，并有 $R(\alpha) = R(\beta) = r$，将其代入式（3.16）即可得

$$\Delta y_t = \sum_{j=1}^{p} \Gamma_j \Delta y_{t-j} + \alpha\beta' y_{t-1} + \varepsilon_t \tag{3.17}$$

其中 $\beta' y_{t-1}$ 为一个 $I(0)$ 向量，每一行都是一种协整形式，称 β' 为协整向量矩阵，r 为系统中协整向量个数。

3.5　计量过程与分析

在这一部分中，主要是就农村与城镇金融发展与经济增长的关系运用单位根检验，协整关系检验，格兰杰因果关系检验的方法进行检验，然后运用 ECM 误差修正模型进行修正，找出二者之间的关系。

（1）全国农村贷款与城镇贷款比较

图 3－4 中 rlg2 与 RCLG 分别代表全国农村贷款与农村 GDP 的比值、全国城镇贷款与城镇 GDP 的比值，在这里 RCLG 这个指标的迅速下滑与 1998 年后城市经济的发展依靠贷款的积极性在下降。各种金融产品层出不穷，发行股票和债券也分担了相应的融资渠道，导致这个指标在下降。另外，在分析数据的时候只是计算了短期贷款的数据，长期贷款的数据没有计算在内，在 1998 年之后，中国实行扩张的货币政策，发行长期债券，为大中型企业融资，因此，从那以后，长期贷款也占据了重要的位置，如果把这些因素考虑进去的话，这个指标或许会更加完善一些。

（2）全国农村和城镇储蓄存款比较

图 3－5 中，RCC 代表了城镇储蓄存款与城镇 GDP 的比值，RRC 代表了农村储蓄存款与农村 GDP 的比值，在图中，可以明显地看到，RRC

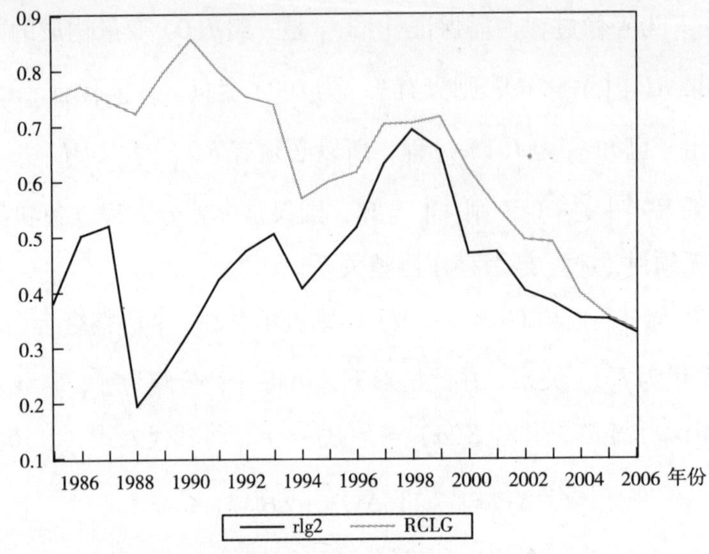

数据来源：Wind 咨询，新华 08 金融终端。

图 3－4　全国农村和城镇贷款的比较

要远远高于 RCC，这也就是说农村和农民积累的资金并没有促进经济增长，反而为城镇经济的发展提供了资金支持，结合农村和城镇经济发展的图我们会更加明确这一点。

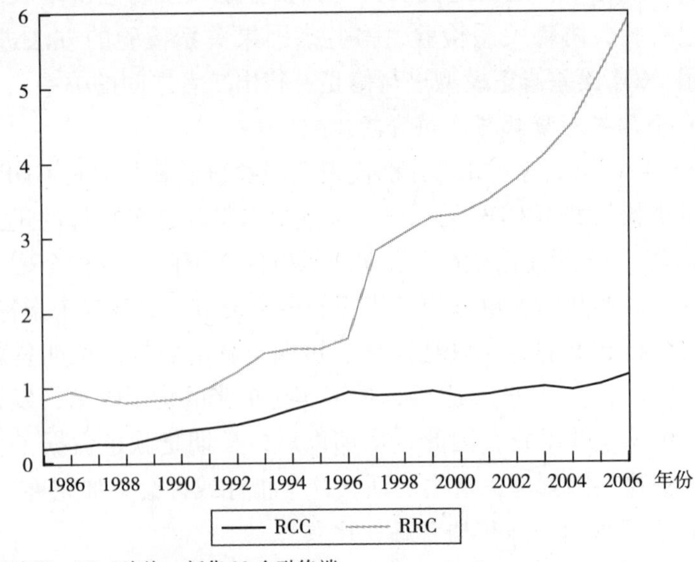

数据来源：Wind 咨询，新华 08 金融终端。

图 3－5　全国农村和城镇储蓄存款比较

(3) 全国城镇与农村经济水平比较

图3－6中，RPG代表了农村人均GDP，CPG代表了城镇人均GDP，在图中，可以很好地看到全国农村和城镇经济增长的差异，这也是迫切需要进行新农村建设的运动。下面主要说明的是农村的金融发展不够，导致了全国农村经济增长不理想的局面，从而说明了全国城乡金融业发展的不协调已经严重阻碍了农村的经济增长，所以，必须大力发展农村金融业。

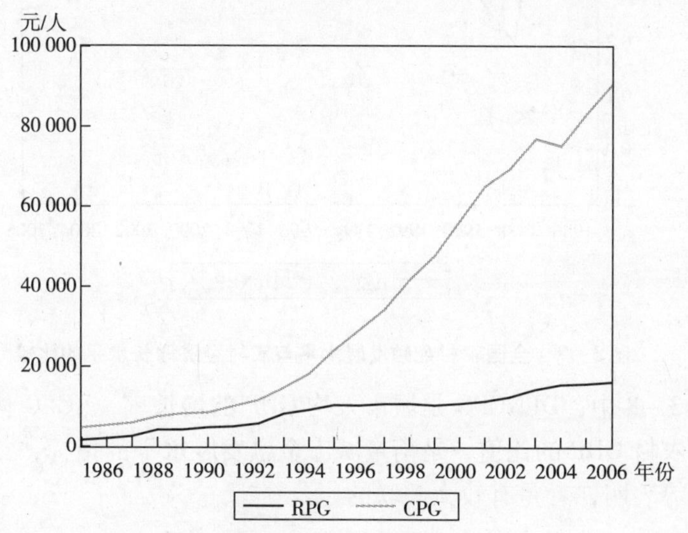

数据来源：Wind咨询，新华08金融终端。

图3－6　全国农村和城镇经济水平比较

(4) 单位根检验

单位根检验对于检查时间序列的平稳性非常重要，这是确定需要对原来数据进行几阶差分的依据，每一个单位根都需要进行一次差分，这也是进行协整分析的第一步。

采取不同的模型设定形式进行单位根检验，如果结果没有发生冲突，那么是比较可靠的，也就是说有很大的把握来确认结果。利用Dickey Fuller（1974）提出的ADF检验法对各变量进行单位根检验。ADF检验模型有三种设定模式，在ADF检验中，滞后阶数选取遵循SIC准则。

①全国农村金融发展水平与农村经济增长水平的差异

图3－7中，rlg2代表着农村贷款与农村GDP的比值，是衡量农村金融发展水平的指标，DLNRPG是农村人均GDP的增长率，二者近乎一致

的趋势表明二者是有较大关联的。

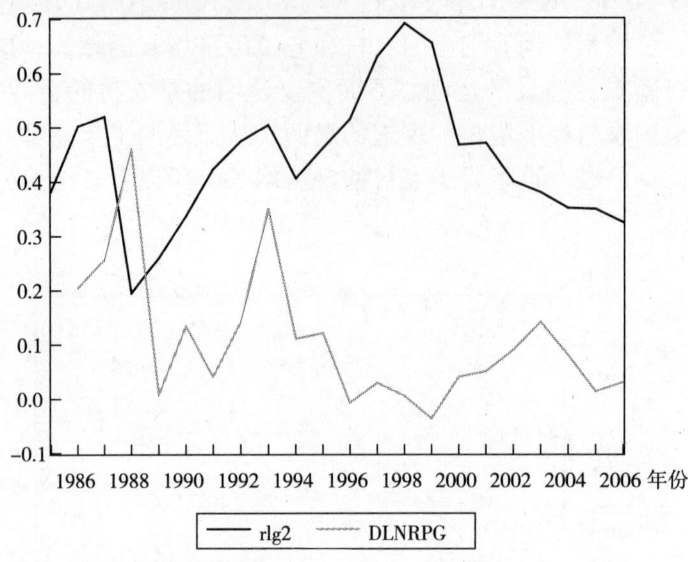

图 3－7　全国农村金融发展水平与农村经济增长水平的比较

图 3－8 中，DLNCPG 是城市人均 GDP 的增长率，RCLG 代表着农村贷款与农村 GDP 的比值，是衡量城市金融发展水平的指标，二者近乎一致的趋势表明二者是有较大关联的。

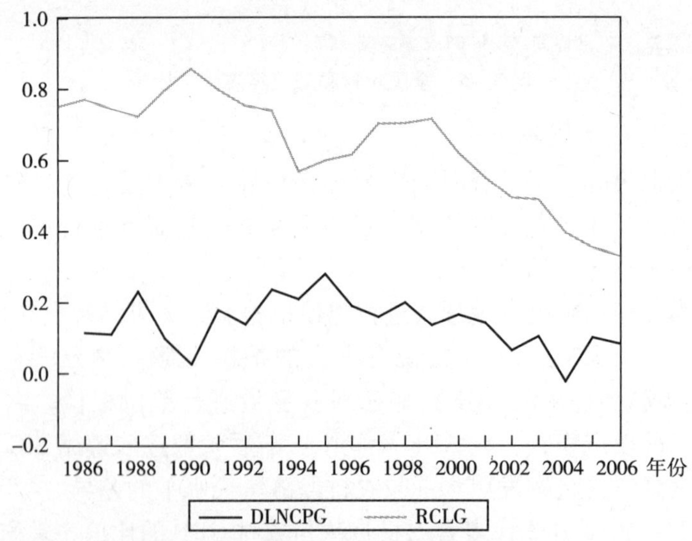

图 3－8　全国城市金融发展水平与城市经济增长水平的比较

②关于 rlg（农村贷款与农村 GDP 的比值）的单位根检验

由于单位根检验有多种设定形式，将各种形式一一进行检验，确定其单位根的性质。

指标主要考虑反映全国城乡金融发展：RLG 为农村贷款余额与农业增加值的比值，RCG 为城镇贷款余额与第二、第三产业增加值的比值，RRC 为 RC 与农业产业增加值的比值，RCC 为 CC 与第二、第三产业的增加值的比值，CRF 为城乡居民储蓄存款之比值，RCV 为全国城镇与农村固定资产投资之比值。

各指标的单位根检验结果见表 3－5。由表 3－5 可知，LNRLG、LN-RCG、LNRRC、LNRCC、LNCRF、LNRCV、LNRI、LNJRI、LNRF 都是具有一阶单位根的，也就是说都是非平稳的一阶单整序列。虽然非平稳，但是，可能存在长期的协整关系。

对数据进行了单位根检验之后发现，农村经济增长与农村贷款数据的各指标都是一阶单整序列之后，说明这些数据之间可能存在着某种平稳的线性关系，要进一步研究这种具体的线性关系，两变量之间是否存在长期稳定关系。运用 Engker－Granger 检验的方法，然后再运用误差修正模型进行修正，以确定其具体关系。

由上面的单位根检验可以看出，DLNRPG 、RLG 都是一阶单位根，而 RRC 是二阶单位根，所以，我们可以确定协整方程为

$$DLNRPG = a_1 + a_2RLG + a_3DRRC + Ut$$

则 $DLNRPG = 0.315—0.36RLG—0.236DRRC + Ut$

（3.23）（－1.79）（－1.98）

可以说，上式表明：农村经济的增长率跟农村贷款的增长率呈反比的关系，跟农村储蓄存款也呈反比的关系。为什么呢，先说储蓄存款，农村存款的大部分被用来支援城市建设，这在 20 世纪 80 年代到 90 年代初期尤为明显，可以如此说明，即农村储蓄存款的增长率越高，或者说每增高一个百分点，农村经济的增长率就会。下降 0.36 个百分点，农村的资金都去支援城市了，经济不会增长甚至负增长也就不足为奇了。

表 3－5　单位根检验结果

变量	检验形式（C，T，L）	检验值	临界值（5%显著水平）	SIC
RLG	（C，T，0）	－1.808	－3.645	－1.485
LNRLG	（C，0，0）	－2.19	－3.012	0.291

续表

变量	检验形式（C，T，L）	检验值	临界值（5%显著水平）	SIC
△LNRLG	（C，0，0）	-4.668	-3.021	0.514
RCG	（C，T，1）	-1.708	-3.645	-2.616
LNRCG	（C，T，0）	-1.024	-3.645	-1.649
△LNRLG	（C，0，0）	-3.629	-3.021	-1.56
RRC	（0，0，0）	4.97	-1.958	0.239
LNRRC	（C，0，1）	0.407	-3.012	-1.067
△LNRLG	（C，0，0）	-3.588	-3.021	-1.028
RCC	（C，0，0）	-0.679	-3.012	-2.755
LNRCC	（C，0，0）	-2.758	-3.012	-1.96
△LNRCC	（C，0，1）	-3.202	-3.021	-1.652
CRF	（C，T，1）	-3.622	-3.658	3.559
LNCRF	（C，T，0）	-2.332	-3.645	-0.666
△LNCRF	（C，T，0）	-4.735	-3.658	-0.377
RCV	（C，0，0）	-1.992	-3.012	5.037
LNRCV	（C，0，0）	-2.467	-3.012	-0.106
△LNRCV	（C，0，1）	-4.649	-3.021	-0.047
RI	（C，T，0）	-1.57	-3.645	-1.403
LNRI	（C，0，0）	-1.637	-3.012	-2.714
△LNRI	（C，0，0）	-4.157	-3.021	-2.598
JRI	（C，0，0）	5.61	-3.012	14.188
LNJRI	（C，0，0）	-1.432	-3.021	-0.7
△LNJRI	（C，0，0）	-4.128	-3.021	-0.736
LNRF	（C，0，0）	-1.578	-3.012	0.197
△LNRF	（C，0，0）	-4.596	-3.021	0.336

表3-6　全国农村贷款合计　　单位：亿元

年份	金额	年份	金额
1985	816.62	1996	6 364.70
1986	1 138.41	1997	7 661.50
1987	1 457.32	1998	8 813.70
1988	1 722.38	1999	9 769.20
1989	1 888.12	2000	11 161.90
1990	2 259.12	2001	12 744.30

续表

年份	金额	年份	金额
1991	2 715. 12	2002	14 674. 20
1992	2 856. 32	2003	17 759. 70
1993	3 143. 80	2004	19 748. 30
1994	4 168. 60	2005	19 008. 70
1995	5 234. 20	2006	21 024. 20

资料来源：《2007 年全国金融年鉴》。

按照表 3－6，绘制出全国农村贷款趋势图：

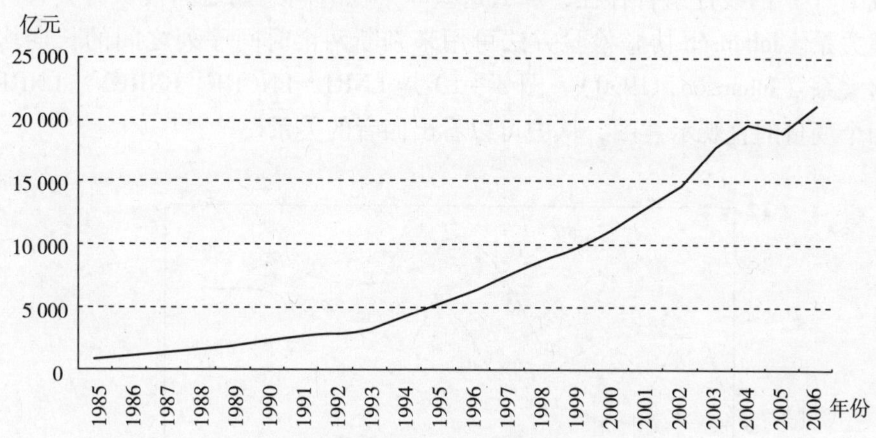

图 3－9　全国 1985～2006 农村贷款

至于农村经济的增长为什么跟农村贷款的增长率也呈一个反比例的关系，表 3－7 或许可以说明问题，从 1998 年到 2000 年，全国农村贷款骤降了将近 20 亿元，下降幅度达到 31%，若是以 1998 年的贷款量跟 2006 年相比的话，降幅更达到 40%，这其中的原因无从查知，但是，由于农村贷款量的下降与经济增长是反比例的关系，仍然需要大力推进农村贷款量的增加，提高农村的金融水平。

表 3－7　单位根检验

△LNJRI	（C，0，0）	－4. 128	－3. 021	－0. 736
LNRF	（C，0，0）	－1. 578	－3. 012	0. 197
△LNRF	（C，0，0）	－4. 596	－3. 021	0. 336

由表 3 - 7 可知，LNRLG、LNRCG、LNRRC、LNRCC、LNCRF、LNRCV、LNRI、LNJRI、LNRF 都是具有一阶单位根的，也就是说都是非平稳的一阶单整序列。虽然非平稳，但是，可能存在着长期的协整关系。

(5) 协整检验

1987 年 Engle 和 Granger 提出的协整理论及其方法，为非平稳时间序列的建模提供了另一种途径。协整概念是一个强有力的概念，可以刻画两个或多个序列之间的平衡或平稳关系。Engle 和 Granger 指出两个或多个非平稳时间序列的线性组合序列可能是平稳的，假如这样一种平稳的或 I (0) 的线性组合存在，那么这些非平稳时间序列之间被认为具有协整关系。Johansen 协整检验方法可用来判断两个时间序列之间的长期均衡关系（Johansen，1990）。图 3 - 10 是 LNRI、LNCRF、LNRCV、LNRF 四个变量的直观示意图，从中可以看出四者的关系。

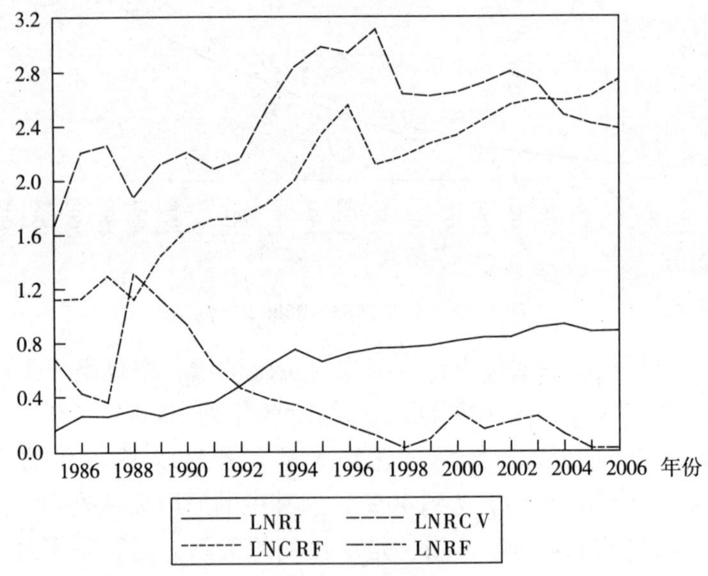

图 3 - 10　LNRI、LNCRF、LNRCV、LNRF 示意图

下面运用 EVIEWS 5.0，用 Johansen 协整检验方法来分析 LNRI、LN-CRF、LNRCV、LNRF 之间的关系。

表 3-8 Johansen 协整检验结果 1

Unrestricted Cointegration Rank Test (Trace)				
Hypothesized		Trace	0.05	
No. of CE (s)	Eigenvalue	Statistic	Critical Value	Prob. **
None *	0.858660	64.85897	47.85613	0.0006
At most 1	0.636422	25.72718	29.79707	0.1371
At most 2	0.168564	5.491964	15.49471	0.7546
At most 3	0.086066	1.799940	3.841466	0.1797

由表 3-8 可知，在 5% 置信水平下，由于迹统计量大于检验统计量，所以可以断定四个变量之间可能具有一个协整关系。

表 3-9 Johansen 协整检验结果 2

LNRI	LNCRF	LNRCV	LNRF
1.000000	-0.529419	-0.068429	-0.072469
	(0.02981)	(0.04198)	(0.04035)

$$LNRI = 0.529LNCRF + 0.068LNRCV + 0.072LNRF$$
$$(0.03) \qquad (0.042) \qquad (0.04)$$

通过表 3-9 中具体数据可以看出 LNCRF、LNRCV、LNRF 的系数都很显著，其中括号内的数值为标准差。这表明 LNRI、LNCRF、LNRCV、LNRF 之间存在明显的相关关系，并且意味着，LNCRF 每提高一个百分点，LNRI 就会提高 0.529 个百分点，LNRCV 每提高一个百分点，LNRI 就会提高 0.068 个百分点，LNRF 每提高 1 个百分点，LNRI 就会提高 0.072 个百分点。

(6) 格兰杰因果关系检验

两件事情相关并不能说明它们之间有着因果关系，在计量经济学领域内有大量的相关性，而有许多是没有意义的。

①城乡收入差距与城乡储蓄存款的 Granger 因果关系检验

RI = RCI/RRI 为城乡居民收入差距的相对指标，CRF 为城乡居民储蓄存款之比值。通过单位根检验已经得知了 RI 和 CRF 都是一阶单整序列，因此可用 lnri 和 lncrf 来做格兰杰因果关系检验，结果如下：

表3-10　城乡收入差距与城乡储蓄存款的 Granger 因果关系检验表

Null Hypothesis:	Obs	F-Statistic	Probability
LNCRF does not Granger Cause LNRI	20	2.79657	0.09285
LNRI does not Granger Cause LNCRF	20	5.31799	0.01796

由表3-10可知，lnri 和 lncrf 互为因果关系，说明城乡居民收入差距的拉大导致城乡居民储蓄存款拉大，与此同时，储蓄存款拉大也能够反作用于城乡收入差距。

②城乡收入差距（RI）与城乡贷款比值（RF）的 Granger 因果关系检验

由表3-11可知，lnri 能够很好地解释 lnrf 的变化，而由于数据等某些原因，lnrf 很难成为 lnri 的原因。

表3-11　城乡收入差距（RI）与城乡贷款比值（RF）的 Granger 因果关系检验

Null Hypothesis:	Obs	F-Statistic	Probability
LNCRF does not Granger Cause LNRI	20	1.16169	0.33958
LNRI does not Granger Cause LNCRF	20	8.09826	0.00412

3.6　计量结论与探讨

本章从两个角度详细论证分析了中国农村经济增长与中国农村金融发展之间的关系，第一是通过横向和纵向比较，定性分析了中国农村经济货币化、金融化的程度，给中国当前农村金融发展水平给出了一个初步的判断，即存在金融抑制现象；第二是通过构建 VAR 实证模型实证分析了二者之间的相关性。基本结论归结如下：

(1) 中国农村经济货币化与中国农村经济增长之间存在双向正相关。农村现金流通加上农村存款占农村 GDP 比值的增加，是在中国农村经济增长过程中出现的一种重要货币现象，货币化程度提高也是推动中国农村经济增长的一个重要因素。随着货币化程度的不断提高，随即扩大了以货币作为媒介的农村经济交易的交易范围，并降低了交易成本，增加了交易速度，同时也为中国农村资本增长构建了有益条件。另外，随着中国农村经济增长，也产生了大量的财富，若用货币衡量的话，表现就是农村货币资源的增加，因此，反过来也可以说，中国农村经济增长也有利于农村财富的积累和农村货币资源量的累积。这也是经济增长与货币化之间的基本规律。

（2）中国农村正规融资与中国农村经济增长之间存在双向负相关。农村贷款与农村经济增长二者之间存在负相关关系，究其原因可以归结如下：第一就是农村贷款存在的表面化问题，即农村贷款实际投入农村、农业的不多，非农业化、非农村化现象严重，仅仅是在名义上存在；第二是中国农村正规金融也存在的表面化问题，即缺失真正的功能定位，金融功能异化，正规金融机构活动方向严重偏离农村、农业，带有很强的盈利性目的，盲目商业化的冲动明显；第三是中国农村金融机构整体运营水平偏低，风险控制有待加强，贷款投向错误、效率低，整体上扭曲了农村金融资源配置；第四是中国农村金融制度自身也存在问题，金融作为现代经济的核心，农村金融中介对农村经济增长的抑制，也在一定程度上反映出中国农村缺乏有效的金融制度。

（3）农村金融发展水平与整体金融发展、城市金融发展水平之间极不平衡。虽然从纵向比较来看，随着中国农村经济增长，中国农村金融也取得了较大发展，但是若与整体金融、城市金融之间进行横向对比，就可以明显发现不论是金融资产总量，还是经济货币化、金融化水平乃至存贷款比率，前者与后二者之间都存在巨大的差距，这在一定程度上也深刻反映出，中国农村金融抑制的重要表现，即典型的城乡“二元结构”。

（4）中国农村投资不能有效推动中国农村经济增长。基于基本的经济学理论可以知道，投资是能够有效促进并推动经济增长的，但是与其相悖的是，中国农村投资增长实际上并没有推动中国农村经济增长，为此，就需要仔细分析一下中国农村经济发展和增长的过程。在一定程度上可以说，农村经济制度是中国农村经济增长的重要决定性因素，自改革开放以来，农村经济体制改革理顺了农村生产关系，解放了农村生产力，从而推动了农村经济增长。中国农村投资与中国农村经济增长之间不相关，说明中国农村投资的效率低下，隐含无效投资、投资浪费、投资不足等深层次问题。总之，中国农村投资与中国农村经济增长在一定程度上存在脱节。

（5）投资与贷款之间存在不对称作用。理论上，中国农村投资资金主要是来源于国家及地方财政、农村贷款、农村经济主体的自我积累以及其他直接融资途径。根据本书前述分析论证可知，中国农村投资比率变化是中国农村贷款比率变化的重要原因，即农村投资增加会导致农村贷款随即也增加，这在一定程度上反映出中国农村贷款是中国农村投资的重要来源，这也是目前的现实情况。但是反过来，中国农村贷款比率变化却不能解释中国农村投资比率变化，即中国农村贷款增加却不能引发中国农村投资扩大，这隐射出在中国农村贷款中有很大一部分是从事了非生产性业务，另外就是由于正规金融等金融中介效率低下导致贷款没能有效转化为投资。

综合以上，可以得出一个初步的结论：一是中国农村金融发展不仅水平低，而且农村金融中介的金融供给效率也低，金融供给不足和低效率制约了中国农村经济增长；二是中国农村经济的低水平徘徊反过来也不利于农村金融市场的健康发展。实际上，农村金融与农村经济都是整个国民经济系统的重要有机组成部分，二者之间关系的形成和存在也归结于特定的制度环境。因此需要将中国农村经济增长与中国农村金融发展放置于一个开放的系统中，才能更为准确剖析农村金融发展对农村经济增长抑制的深层原因，综合而言，通过实证和理论分析均得出目前的农村金融抑制状况是制约农村经济增长的重要因素。为此本书随后将对中国农村金融抑制问题的各种表现及其深层次成因加以探究和论述。

4 中国农村金融抑制现象：需求角度的分析

4.1 农村金融需求总体特征分析

农村金融需求受到多方面因素影响，其中最主要的影响因素包括地域（不同经济发展水平地区）和时间（农业和农村经济发展阶段）两个方面。

从金融需求对象来看，与“三农”相对应，农村金融需求包括以下三种类型：(1) 农民生活需求，指农民日常生活消费、临时性和应急性消费（如发生意外事故、突发事件等）、一些金额较大的消费（如婚丧嫁娶、子女教育、建房建厂、住院看病等）对资金和金融服务的需求；(2) 农业生产需求，指农民在进行农业生产过程中，购买种子、化肥、农药、农机具等对资金和金融服务的需求；(3) 农村发展需求，指农村基础设施建设、农村社会事业发展对资金和金融服务的需求，包括农村水利设施、电网改造、乡村道路、医疗保健、义务教育、社会保障等。

由于受到自然地理条件、经济发展水平等因素影响，不同地区对上述三类农村金融需求存在显著差异，主要表现在：(1) 对于东部沿海经济发达地区而言，农业生产在当地经济发展中不再处于主要地位，相反，农村工商业和服务业在促进当地经济发展方面发挥着日益重要的作用，农民收入来源和就业渠道已经呈现出明显的非农化趋势，所以农村金融需求主要表现为农村发展对资金和金融服务的需求，包括加大对农村基础设施建设、农村社会事业发展的资金投入等。(2) 对于经济较为发达的中部地区而言，绝大部分农民开始向小康生活迈进，日常生活消费可以得到有效满足，在婚丧嫁娶、子女教育、建房建厂、住院看病等金额较大的消费支出上也基本能够自己解决，即使存在一定的困难，通过依靠亲朋好友的帮助或借贷也能基本解决暂时遇到的困难。要想进一步提高生活水平，还需要发展农业生产，提高农业劳动生产率和土地产出率。至于当地农村发展所需资金可以依靠农业生产发展、农产品加工企业及其他乡镇企业的兴起来推动。所以，农村金融需求主要表现为农业生产对资金和金融服务的需求，包括购买种子、化肥、农药、农机具等。(3) 对于西部欠发达地区而言，还有相当一部分农民生活十分贫困，尽管基本解决了温饱问题，但遇到婚丧嫁娶、子女教育、建房建厂、住院看病等大额支出时存在较大的困难，在临时性、应急性支出能力上明显不足。因此，农村金融需求主要表现为农民日常生活消费特别是在一些大额支出、临时性和应急性支出上对资金和金融服务的需求。由于这些贫苦农民很难通过正规金融渠道获得借款，因此，包括高利贷在内的民间借贷在西部欠发达地区较为流行。

从农业和农村经济发展阶段来看，不同的经济发展阶段对应不同的农村金融需求：(1) 在传统农业发展阶段，自然经济和小农经济占有较大比重，农村金融需求以农户日常生活性、临时性、应急性资金需求和小规模农业生产性金融需求为主，金融需求较为分散，金额大小不确定，临时性、季节性和应急性较强，农户偿还能力较差，一般通过民间借贷(如高利贷、亲朋借贷) 等非正规金融形式来解决。(2) 在农业迈向现代农业、农村走向工业化阶段，相当一些地方出现农业适度规模经营和农业产业化发展趋势，新型农村合作经济组织、农业产业化龙头企业、农产品加工企业、乡镇企业发展迅速，对资金投入和金融服务需求较大，需要正规金融机构满足上述经济组织或企业对资金的大量需求，同时也需要各种形式的农民资金互助合作组织、民间借贷、小额信贷来满足农户暂时急需的生活资金和部分周转性资金需求。(3) 在农村进入城镇化阶段，农村基础设施建设和农村社会事业发展对资金投入和金融服务的需求占据主导地位，资金需求数额较大，各种形式的民间金融已经远远无法满足大量的资金需求，而各种工商业贷款、基础设施建设贷款以及公共财政对农村社会事业的投入则逐渐占据主导地位。

4.2 农村金融市场需求的鲜明特点

适宜的金融制度安排必须能够满足微观主体的金融需求，有什么样的金融需求，就应有什么样的金融安排与之适应。因为生产关系必须适应生产力发展的需要，不同生产力水平要求具有差异的金融服务方式。农村金融市场需求受制于农村经济发展水平和农村经济主体的需求行为。目前中国小农经济仍占主要地位，中国农村目前还是以个人家庭为生产和生活的基本单位，以个体所有制为基础，生产规模小，生产条件简单，自给自足与商品交换并存，重视亲友关系，依恋土地。所有这些决定了中国农户的储蓄及借贷行为特点：自我保障式的储蓄倾向较强，具有“轻不言债”的观念正逐步转变，向亲友借款的比重仍然较大。[①] 但随着改革开放的深入和农村经济的发展，农村经济服务需求也呈现出新的特点。

4.2.1 需求主体多元化

农村金融市场需求是随着改革开放发展起来的。在计划经济时期，农村金融市场的需求主体主要是农村集体经济组织，作为整个国家经济的一部分实行信贷配给制。改革开放以后，农村市场经济的发展，培植了多元化的真正市场主体——农户、个体工商户、私营企业、乡镇企业、各种经济合作组织等，他们正是农村信贷的主要参与者。

改革开放以来，随着作物品种的改良、生产方式的转变和调整、新技术在传统农业上的运用、农业商品化和市场化程度的提高，中国农村的经济结构、农民的生产方式都发生了重大变革，专业大户、个体工商户，农产品加工、包装、运输企业，各种合作经济组织如雨后春笋般涌现。金融需求主体较之改革开放之前呈现出明显的多元化发展趋势。单从农村企业来讲，根据经营内容和生产规模也可以分为初级加工的乡镇企业、发育中的龙头企业、成熟的龙头企业等。而另一个需求主体农户，有贫困农户、有以家庭为生产单位的个体农户，还有规模较大的、经济实力较强的联合种植大户、养殖专业户等。与此同时，农户就业和收入结构呈现三大特点：一是农户种养业以外的产业增加和外出就业增加，农户经济活动多样化；二是农户家庭经营比重持续下降，经济作物、工业、林业、渔业、运输业、商饮服务业收入占农户收入的比重增长幅度较大；三是外出就业和经营企业收入增势强劲。这些都表明中国农户和

① 成思危：《成思危论金融改革》，北京，中国人民大学出版社，2006。

农村企业经营活动复杂化、收入来源和生产规模多样化，反映到金融市场上就是需求主体多元化。

4.2.2 需求层次多样化

需求主体的多元化必然产生多样化的需求。基本的存贷款业务已经不能满足农村的资金需求了。随着农村产业结构的升级，农户和农村企业规模的扩大，他们对金融服务也提出了较高的要求：贫困农户的生产和生活资金都比较短缺，有的温饱尚成问题，信贷需求主要集中于基本生活开支；个体农户基本是以家庭为单位，讲信誉，信用意识也较强，融资需求主要是为了基本生活开支和小规模的生产需求，一般以小额贷款为主；个体工商户、种养大户市场意识和信用意识一般比较强，相对资金实力也比较雄厚，融资需求一般主要是用于生产经营活动，如有进一步扩大生产规模或开拓市场等；立足于当地的资源优势而建立的乡镇企业，其产品的附加值和科技含量一般不高，也缺乏固定的销售渠道，因此实际经营容易受市场波动影响，这类企业的融资需求主要是用于生产周转资金，由于企业生存和盈利的不确定性很大，存在一定信贷风险；从企业生命周期来看，发育中的龙头企业应处于成长阶段，融资的主要目的就是扩大再生产、开拓市场，由于具有一定的不确定性，贷款风险也相应较大；最后就是成熟的龙头企业，该类企业一般资金实力比较雄厚，有稳定的供货来源和分销渠道，违约风险较低，融资目的主要是为了生产经营，但一般情况下都有较为健全的承贷主体。

综合来看，农村金融不仅有消费信贷需求，也有生产信贷需求；不仅有短期信贷需求，也有长期信贷需求；不仅有商业信贷需求，也有政策性信贷需求；不仅有小额、零星的信贷需求，也有大额、批发式的信贷需求，并且随着经济发展，直接投融资需求将呈增长态势。

4.3 中国农村建设的金融需求现状

4.3.1 农村基础设施建设的金融需求

(1) 农村基础工程建设的金融需求

建设社会主义新农村，必须切实加强农村基础设施建设，这是新农村建设中首要的基础工程。改善了农村基础设施建设，一方面可以提高农民的生产效率，增加农民收入，另一方面还能改善农村的生活水平，提高农民的生活质量，保障农业稳定、可持续的发展。据国家发改委产业研究所调查，新农村基础设施建设，包括道路交通硬化、通信、广播电视等，全国平均每位农民约需投资 5 000 元。以 8 亿农民计，意味着至少需要 4 万亿元的资金支持，才能完成这一目标（张林，2008）。尽管 2009 年初政府投资 4 万亿元中，用于加快建设农村民生工程和农村基础设施约 3 700 亿元，但这还远远无法满足农村基础建设的需求。在政府财力有限的前提下，需要金融部门在落实相应的担保手续后，给予一定的配套贷款进行支持，并能实现农村信贷资金回流和导入的顺利性、及时性，以便能更好地建立和完善信贷投入机制，促进农村基础设施建设。

表 4－1　全社会固定资产投资　　单位：亿元

	2006 年	2007 年	2007 年比上年增长比（%）
城镇	193 920	241 414	24.4
农村	30 678	36 724	19.7
投资总额	224 598	278 140	23.8

资料来源：2008 年中国统计年鉴。

由表 4－1 可见，农村的固定资产投资虽然有所增加，但是和城镇的固定资产投资相比差距很大。2010 年，农村的固定资产投资占全社会投资的 13%，远远低于城镇的 87%，因此，与城市相比，农村对基础设施建设方面的投资需求依然很旺盛，国家依然有必要通过财政支持和鼓励金融机构投资等方式加大对农村固定资产的投资。

(2) 农村环境建设的金融需求

长期以来，中国大部分农村地区的人居环境比较恶劣。农村的房舍、街道建筑模式单一，缺乏规划，旧房空置，散乱无序现象十分突出；农业生产过度依靠化肥导致了土壤酸化、硬化，大量土地被浪费，交通条件差；由于硬件设施缺乏，农民没有良好的生活习惯，柴草乱垛、粪土乱堆、污水乱泼、畜禽乱跑产生了大量的生活污染；乡镇企业布局分散、设备陈旧、技术落后，使之造成效益较差，能耗大、环境污染严重，单位 GDP 产出的能耗及污染较发达地区大了很多。

表4-2 2010年城乡环境建设比较

项目 / 乡、城市	用水普及率	公用设施建设投入（亿元）	污水处理率	燃气普及率
乡政府驻地	44.7%	1 320	1.7%	16.9%
城市	93.8%	6 422	62.8%	87.5%

资料来源：中华人民共和国住房和城乡建设部。

由表4-2可以看出，乡村的生活水平要远远落后于城市，需要大力改善。近年来，各级政府尽管在环保方面加大了投入，但主要用在城市生活污染及工业污染治理方面，真正用于农村环境污染治理及生态保护的投入极为有限，有的地方甚至根本没有。同时针对农村治理环境污染的专项资金微乎其微，数量极少。这些方方面面，都需要农村商业银行等金融机构的大力支持。但由于对农村环境建设的投资收益较少，期限较长，所以金融机构的投资热情不高，这还需要政府部门的进一步引导和政策支持。

(3) 农村教育、医疗及文化建设的金融需求

改革开放之后，中国发展的重点一直放在城市，农村的发展落到了次要的地位，无论是教育、医疗还是文化等方面的建设，在农村地区一直非常落后，急需金融机构给予资金支持。

首先，在教育方面，中国在农村地区，基本已经普及了义务教育，大部分中小学生的读书问题已经有所解决，但是个别农村地区义务教育存在着乱收费的现象，学习成本仍然偏高；而非义务教育阶段的高水平收费已经成为农户的沉重负担，严重制约着贫困地区农户的教育投入。在收入水平较低的情况下，农户不可避免地对现有教育投资成本形成高水平预期，从而降低教育投资热情。近两年，中国财政教育投入占GDP的比重已达3%左右，但仍不及世界平均水平的4.7%~4.9%，而较发达国家或地区为4.9%~5.1%，欠发达国家和地区为3.8%~3.9%。2006~2010年全国农村义务教育经费保障机制改革累计新增经费，将由原来的2 182亿元至少增加到2 652亿元，但农村义务教育经费占GDP的比重也不足1%，而经济发达国家初中和小学的公共教育支出占GDP的比例多数在2%~2.5%。因此，中国农村义务教育总体投入水平较低的情况并没有得到根本改变。尽管近些年金融机构的助学贷款资助了农村贫困地区的学生上学，但是由于助学贷款的收益低、风险高、期限长，

学生毕业后不还贷款的现象时常出现，导致金融机构对开展助学贷款业务动力不足。

其次，在医疗卫生的建设方面，农村地区依然落后。中国医疗卫生的资源配置不合理，资源的80%集中在城市中的大医院，农村人口数量占总人口的70%，却仅占到20%的卫生资源。农村医疗卫生资源的严重不足，导致农村医疗卫生设施条件差、设备少、水平低，农村缺医少药的局面还没有根本扭转。同时，据有关部门统计，目前农村乡镇卫生院人员中，本科毕业生仅占1.6%，大专生占16.9%，中专生59.9%，有21.6%的卫生人员没有任何学历，难以承担繁重的医疗卫生服务任务。另外，在农村还没有建立规范的医疗保障制度，目前正在试点的农村新型合作医疗只覆盖约20%的人口，而且筹资水平不高，保障能力不强。大部分的农村人口没有任何医疗保障，基本上靠自费看病。社会保障的总支出只占中央财政总支出的10%（这一比例相对于其他国家相对较低），而这10%的投入绝大部分又给了城镇职工。一些地区农村因病致贫、因病返贫的居民占贫困人口的三分之二。公共财政对农村医疗卫生投入严重不足，也导致医疗机构的运行机制主要靠向群众就诊收费维持运行和发展。缺少足够的资金投入，使得农村医疗卫生的发展举步维艰，而政府现在也缺少对金融机构的政策扶持，单一的资金渠道很难满足9亿农民的医疗要求。

最后，文化建设方面，在经济欠发达地区中农民群众普遍缺乏文化生活，看书难、看电影难、看戏难、开展文化活动难的现象仍然存在。各地普遍反映，目前农民群众的精神空虚，赌博、迷信活动还比较流行。另外，在一些农村公共文化服务部门中，存在着留用人员年龄老化、观念陈旧，新增人员专业不对口、能力差、素质低等问题，使得农村文化事业建设发展缓慢。农村公共文化活动匮乏，公共文化服务设施落后最主要的原因就是经费不足。没有足够的经费，无论是人才等软件方面，还是基础设施建设等硬件方面，都无法满足农民群众的文化需求。而金融机构在促进农村文化建设发展方面的贷款投入以及产品研发设计方面还比较缺乏。

4.3.2 农业发展的金融需求现状

(1) 农业产业化发展的金融需求

中国的农业产业化已历经十多年的发展，但总体水平还处在初级阶段，发展中面临着很多问题，其中最主要的就是信贷资金和金融服务缺失。

首先，从现行中国农村金融机构来看，其市场定位虽然是为“三农”服务的，但其服务的对象主要是农户和个体工商户，在贷款期限、额度和方式上很难满足农业产业化发展的需要。近些年，农业发展银行的政策性功能逐渐缺位，现在主要为粮棉油收购和管理提供信贷资金支持，其他政策性业务，如农业产业化发展、农业的开发和农村基础设施建设等功能并没有有效运作起来，对调整农业产业结构、改善农业生产条件和促进农村经济发展的作用乏力。同时，农村金融机构服务水平普遍不高，很难满足农业产业化的需求。突出表现在服务的品种少，仅能提供开户、结算、贷款等常规服务，而资信评估、理财咨询、承兑汇票、贴现等特殊服务则很少，服务层次低，大多数是一些小额零散的业务，长年正常性的服务少。

其次，从中国农业产业化的特征来说，具有较强的地域性和层次性，各种金融需求主体对金融服务要求也表现出较强的多样化。对于农业产业化项目，由于在产业化经营初期具有投入多、风险大、周期长、效益低等特点，作为承贷主体的农村金融机构因不愿承担过多风险而“惜贷”。这在一定程度上抑制了农业信贷的有效投入，致使不少有发展前景的农业产业化项目的贷款投入甚少。

最后，农业产业化发展的融资渠道单一，主要以间接融资为主。由于目前政策对进入资本市场的企业要求较高，而农业产业化企业普遍规模小，盈利水平不高，农业利用资本市场实施证券融资非常困难。因此，农业龙头企业无论是通过争取额度直接上市，或通过股权转让间接上市，还是发行企业债券，都存在一定困难。据有关部门统计，在中国农村经济发展和农民收入增长中发挥重要作用的农业产业化国家龙头企业，上市的仅有10%，绝大多数国家龙头企业资金供给主要依靠间接融资。

一般而言，发达国家或地区用于农业的投入占当年农业净产值的40%以上，而中国大大低于这一比例，平均仅为20%左右，用于农业生产的投资较少。国务院发展研究中心的一项相关调查研究表明，全国农业财政支出占财政总支出的比重不到10%，而且财政支农资金的70%用在了农业行政事业单位上，剩余的30%支农资金支持的项目繁多，资源分配效率低下。由于农业领域的高风险和低收益特性使农村资金需求单靠信贷市场难以完全满足，因此，政府的资金支持仍将在相当长时期内是中国农业产业结构调整获得资金的主要渠道。同时，应鼓励农村金融组织加大信贷资金投放力度，满足“三农”资金需求，促进农业产业化发展。

(2) 农业产业结构调整的金融需求

改革开放以来，中国农村经济有了很大的发展，但农业整体发展水平仍然不高，仍然是以种养殖业为主的单一平面式的生产结构，这种生产结构提供的产品处于产品价值链的初端，农产品品种供给结构难以较快适应市场需求，农业产业抵御自然风险和市场风险的能力均十分低下，农民持续增收能力在农业产业内难以形成。而且农产品加工率低、农业科技含量低、农业产业结构单一、品质结构不优化、农业劳动力生产率低、基础设施落后等问题还较为突出，金融部门支持农业产业结构调整尤为必要。

随着农业的发展，传统农业萎缩、特色农业发展、贷款领域延伸，使得农业信贷总量增大，农业信贷需求的领域已由单一的种粮棉油，逐渐扩大到经济作物、畜牧水产业、林业以及农村小城镇建设、农业基础设施建设、农村消费等领域，贷款期限一般也应在两年以上甚至更长时间，而目前小额农贷的期限一般不超过一年，额度普遍小，且贷款仍以传统种植业和养殖业为主，不能满足农民大额资金需求。

受农业季节性影响及其规模的限制，农户的资金需求一般额度小、要求急、周转快，这种生产分散性和周期性又给涉农金融机构的考察、收贷带来很大困难，导致金融支持动力不足。同样，中国现在农户第二、第三产业和非生产性的产业发展缓慢，主要原因也是资金需求无法从正规金融部门得到满足。农村信用社信贷资金主要满足农村种植业、养殖业生产性流动资金及远郊县发展旅游业的需求，对非生产性流动资金和固定资产投入需求，农村信用社基本不予支持。同时，在对农村第二、第三产业扶持（或鼓励）不够的情况下，农村个体工商业者甚至中小企业业主由于缺乏担保和抵押物，很难从银行获取贷款，导致融资渠道单一，更多的是通过非正式金融（即民间借贷）的方式解决，但高额的借贷利息又会损害农户的经营收益，成为一笔不小的成本开支。

4.3.3 农民增收的金融需求现状

(1) 农户生产生活对银行业的需求

首先，贷款中“寻租”行为的存在，使“贷款难”问题难以从根本上得以解决。中国是一个典型的金融抑制型国家。正规金融部门存贷款利率受到中国人民银行利率上限的严格控制，实际利率水平远远低于民间借贷市场15%～30%的利率水平。理论上，低利率有利于排挤民间借贷，一定程度上还能增加低收入农户的信贷可得性。但实践中却发现，由于利率水平或抵押担保要求低，农村地区旺盛的信贷融资需求无法得到有效满足，金融有效供给不足也就产生了金融机构和信贷人员的“寻租”行为，结果贷款机会往往偏爱那些有钱、有权、有关系的人，可能这些人实际信贷需求并不强烈，贷款资金也并非直接流入实体经济和生产经营，而真正贫困的低收入农户、工商业者以及经济实力相对薄弱的微小企业却难以得到贷款，而后者恰恰是最需要得到服务的。

其次，农民的生产生活很多方面都需要借助农户小额信用贷款，但其额度小、期限短的特点不能适应农业发展的要求。另外由于实际经营情况的差异性、异质化，农户对信贷资金的需求也表现出了很强的多样性。据有关部门统计估算，种植传统农作物小麦、玉米，一亩地每年只需资金投入500元左右；若要改种无公害蔬菜等经济作物需要资金投入则高达4 800元/亩。

(2) 农户投资对非银行金融机构的需求

中国农村储蓄利率水平低，投资渠道单一，不能满足资金增值以及财产性投资需求。近年来，随着农民收入水平逐步改善，农村市场资金供给也逐渐增多。但是由于当前农村金融市场环境的诸多不足，如信息渠道不畅、非银行金融机构缺位，普通农民还没有条件从股票、期货、债券和基金等的投资中获得理想收益，只得将闲散资金转化为储蓄。储蓄利率对资金要素市场价格的严重偏离，使得相当一部分农户走向民间借贷市场，从那里获取“公正”的收益水平。然而，不规范的民间借贷市场无法有效保护这些农户的合法利益，在获得高收益的同时也面临了高风险。

(3) 农户生产对保险业的需求

加快社会主义新农村建设步伐，农业保险必须尽快提上议程。从世界农业发达国家的经验看，通过实行农业保险制度规避农业风险非常必要。农业风险防范机制的建立与完善，有助于减少农民突遇自然灾害的损失。这也是在市场经济条件下，加强对农业支持保护的一项重要措施。对北京郊区 400 户农户的调查问卷显示，在非人为因素造成的自然灾害面前，农民对于政府救助和农业保险有着非常大的期待，400 户农户中有 260 户认为政府应该采取相应方式予以补助，占比 65%，120 户农户希望得到农业保险补偿，占比 30%。

5 中国农村金融抑制现象：供给角度的分析

为中国农业和农村经济发展提供金融产品和金融服务的部门伴随中国金融体制的演进也逐渐出现了多样化的趋势，这一方面是农村经济发展的必然要求，另一方面也有政府行为在其中起了极大的促进作用。现阶段中国农村金融服务体系主要包括商业性、政策性和合作性的金融三大部分，以及未被官方认可但却依然活跃的民间金融活动。按业务类型分为银行、证券、保险、信托、期货等五大类。但是所有这些金融机构都在逐渐远离农村市场，脱离农村经济等农村金融抑制现象表现在供给方，其特点尤为突出。

5.1 中国农村金融体制改革的演化进程

自从中国开始市场化改革以来，为了服务整个经济体制改革的进步、金融市场化的发展以便推动农村经济增长，中国农村金融体制也经历了一系列的改革，从文献资料梳理来看，具体改革历程基本上划分为下面三个阶段：

第一阶段为1979年至1993年。在这一阶段中，为了形成农村金融市场组织的多元化和竞争状态，期间的主要改革措施和政策方案是恢复和成立新的金融机构。具体措施包括：第一，恢复创办中国农业银行，明确提出其经营模式是支持农村经济发展；第二，重新恢复了农村信用合作社的合作金融组织地位；第三，逐渐放开了对民间资本的管制，允许民间自由借贷，批准设立民间合作型金融组织，如农村信用合作基金会，以及为农业企业服务提供融资服务的财务公司；第四，批准多种融资模式并存，包括了存款、贷款、股票、债券、票据贴现、基金、信托、租赁等多种信用方式。

第二阶段为1994年至1996年。这一阶段所做的主要工作：第一，成立了中国农业发展银行，实现了政策性业务的剥离，使中国农业银行和农村信用合作社更加侧重于商业行为模式；第二，对中国农业银行进行了商业化改革，经营目标实行责任制，规模化经营信贷资金，集中管理贷款审批权限；第三，对农村信用社商业化的改革。农村信用合作社完全脱离中国农业银行，由县联社负责农村信用社的日常业务管理，并由中国人民银行直接监管。

第三阶段是1997年至今。这一阶段的主要工作是：(1) 开始推行贷款责任制。(2) 对金融结构进行撤并。期间以中国农业银行为主的国有商业银行，逐渐开始减少县级及县以下分支机构。(3) 打击非正规金融活动使得民间金融行为受到抑制。农村信用合作基金会被撤销清算。(4) 农村金融体制改革的重点转移至农村信用合作社，具体措施包括：增加国家财政实际投入以试图解决农村信用合作社遗留的不良资产问题、放宽农村信用合作社的贷款利率浮动范围等。

5.2　中国农村金融机构的基本现状

5.2.1　中国农村金融机构的组成情况

农村金融体制改革已经将近20年，迄今为止已经初步形成了以正规金融机构为主体、以农村信用合作社为核心，包括商业性、政策性、合作性金融机构在内的多层次农村金融体系。中国农村金融体系的具体组织结构如图5-1所示：

(1) 正规性金融机构

正规金融组织即指受到人民银行或者银监会监管的金融组织。目前中国农村正规金融体系构成如下：

首先是中国农业银行。中国农业银行重建于1979年，目前是中国五大国有商业银行之一，也是分支机构数量最多的国有商业银行，其分支机构几乎遍布全国城乡。截至2010年底，中国农业银行拥有总资产为85 687.25亿元，分支机构为2.6万家，并拥有40多万名职工。重建中国农业银行的主要目的是支持农产品生产和销售，但事实上农业银行的经

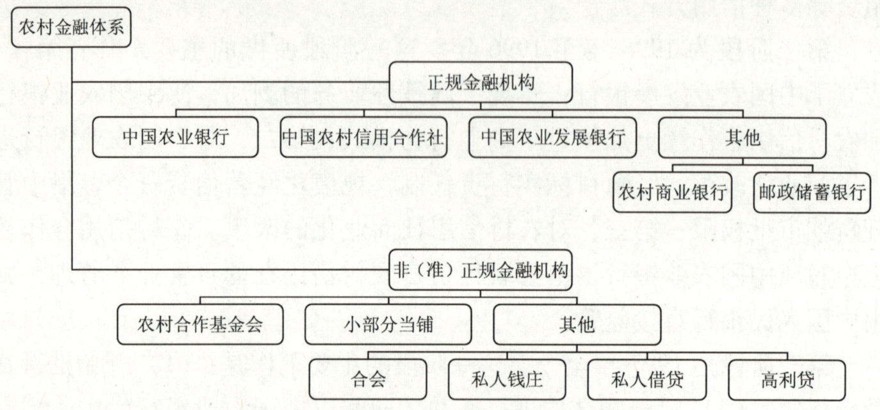

图 5－1　中国农村金融体系的组织结构

营业务与农村经济并无直接关系，商业化特征明显，贷款偏向于国有农业经营机构、乡镇工商业和乡镇工业企业。从 20 世纪 80 年代起，中国农业银行和其他国有商业银行一样，一直进行着商业化银行改革。但在中国农业发展银行成立之前，中国农业银行的业务兼具商业性和政策性两种特征，随后政策性贷款业务被调配至中国农业发展银行，这些政策性业务主要包括：扶贫贷款、农副产品收购贷款、农业综合开发贷款等。特别是在 1997 年后，中国农业银行的政策性业务剥离速度明显加快，以利润为核心的经营理论日益凸显。但由于种种历史原因，中国农业银行的日常经营行为也无法完全规避地方政府的行政干预，这也就导致农业银行整体资产质量在五大国有商业银行中相对偏低。

第二种金融机构是中国农业发展银行。中国农业发展银行成立于 1994 年，是一家政策性商业银行，农业发展银行的成立是农村金融体制改革中的一项重大举措，实现了农村政策性金融服务与商业性以及经营性金融服务相分离。从农业发展银行的业务结构来看，它的主要政策任务是承担政策性金融业务，以及财政性支农资金的拨付等，也不直接与农业农户相关。随着农村市场化改革的不断深入推进发展，中国农业发展银行作用的局限性日益显现。

第三种金融机构是中国农村信用合作社。在正规农村金融机构中，农村信用合作社是分支机构最多的，也是目前农村正规金融机构中与农业、农民具有直接业务往来的金融机构，可以说农信社已是当前农村正规金融机构中向农村和农业经济提供金融服务的中坚力量。截至 2010 年末，农信社农业贷款余额25 462亿元，占全部正规金融机构农业贷款总额的75.24%。在脱离农业银行之前，农村信用合作社都是中国农业银行在广大农村的基层组织，因此大部分储蓄存款必须转存到农业银行，从而使得信用合作社事实上成为农村资金外流的主渠道，即将农户储蓄存款引导到国家所支持的集体农业和乡镇企业的具体经营上，对农村实际的金融服务和贡献非常有限。另外，由于农村经济的弱质性所导致的高风险性质，为此，人民银行允许农村信用合作社可以浮动贷款利率范围，目前农村信用合作社1年期贷款利率的浮动上限是不能超过国家基准利率的50%。截至2010年底，农村信用合作社拥有总资产为56 108亿元，地方分支机构为58 978家，并有86.32万名职工。截至2010年末，中国的农村信用社法人机构为4万家，存贷款规模均居全国金融机构前列，其中各项存款6.77万亿元人民币，各项贷款5.68万亿元人民币。总体来看，目前农信社已是全国法人机构最多、城乡分布最为广泛以及从业人员最为众多的农村金融机构。

（2）非正规性金融机构

在中国农村金融体制改革初期，非正规金融组织和活动一度非常活跃。但随着农村金融体制改革重心的转移，央行逐渐加大了对非正规金融组织及其经营活动的监管力度，解散了农村合作基金会。

截至撤销前，农村合作基金会的存款规模已是农村信用合作社的1/9。实际上农村合作基金会对农村经济发展的融资需求作出了积极而又重要的贡献，调查表明，农村合作基金会提供给农户的贷款占总贷款的比重为46%，乡镇企业的贷款占比达到25%。这一数据不仅超越了中国农业银行的相应贷款比例，而且也超出了农村信用合作社投入农村经济生产过程中相应的贷款比例。由于合作基金会不受央行的利率管制，因此与农村信用合作社相比，其贷款利率较为灵活，贷款收益率的平均水平也相应更高。由于这种竞争情况存在必然对农村信用合作社经营产生冲击，为了消除这种影响，监管部门作出了关闭合并、清理整顿农村合作基金会的决定。随后两年，整个农村合作基金会被彻底解散并进行了清算，正式退出了中国的农村金融市场。

除了上面提及的农村合作基金会外，在中国广大农村地区，非正规金融一般主要指亲朋好友之间的个人借贷行为、小额贷款公司、高利贷、各种合作会、个人和企业组织间的直接借款行为、地下私人钱庄等。此外，还有金融服务部以及合会等，其中金融服务部类似于前面提及的信用合作组织，但目前基本上已经被取缔。合会通常建立在血缘或地缘关系基础上，带有互助合作性质，在国外一般称轮转基金，确切地说是各种金融会的统称。

5.2.2 农村金融机构的发展状况

根据中国人民银行的统计，截至2009年底，全国县域金融服务网点为11.6万个，其中县域大型商业银行机构网点数3.5万个，从业人员60.5万人；中国邮政储蓄银行网点数2.38万个，占县域金融机构网点数的比重为20.1%；中国农业银行县域网点数为1.25万个，占县域金融机构网点数的比重为11.4%；农村信用社县域网点数为5.3万个，占县域金融机构网点数的比重为42.3%。

表5－1　县域金融服务网点情况　　单位：个

	2006年	2007年	2008年	2009年
县域金融服务网点总数	134 073	128 728	123 974	124 853
其中：中国邮政储蓄银行网点数	23 239	23 468	23 695	23 832
中国农业发展银行网点数	1 555	1 533	1 517	1 503
中国农业银行网点数	16 926	15 511	13 175	13 191
农村商业银行网点数	535	524	505	489
农村合作银行网点数	1 800	2 142	2 515	2 734
农村信用社网点数	60 869	55 953	52 089	52 173
证券公司机构网点数	664	680	711	762
期货公司机构网点数	15	15	23	28
保险公司机构网点数	11 130	12 548	14 135	16 243
担保公司机构网点数	752	975	1 365	1 684
典当行机构网点数	499	602	713	875
其他县域金融机构网点数	16 089	14 777	13 531	11 339

资料来源：中国人民银行调查统计司。

由表5－1近几年各县域金融机构网点数可以看出，传统农村金融机构依然占主导地位，农村信用社和邮政储蓄银行的网点数量超过总数量的50%，其他金融机构有所发展，而随着城市金融业务的发展，对农村的经济支持相对利润较少，农村商业银行越来越城市化，战略定位转向城市，导致县域中商业银行的网点数逐年减少。由于农村金融发展落后，品种较少、创新缓慢，证券期货、典当、担保等金融机构的网点数量较少，严重影响了农村金融业的发展，不利于社会主义新农村的建设。

由表5－2来看，县域金融机构的从业人员主要也是集中在传统的农村金融机构中，如农村信用社、中国农业银行、邮政储蓄银行等，而农村商业银行和证券期货公司等或是因为把发展目标放在城市，忽略农村的发展，或是因为发展缓慢，条件落后，无法吸收引进足够的人才加入。人才的缺失严重阻碍了社会主义新农村的发展建设。

表5－2　县域金融机构从业人员情况　　单位：万人

	2006年	2007年	2008年	2009年
县域金融机构从业人员总数	146.1	148.9	152.4	155.7
其中：中国邮政储蓄银行	11.6	12.4	13.3	14.2
中国农业发展银行	2.9	2.8	2.7	2.6
中国农业银行	23.4	22.6	21	20.1
农村商业银行	0.4	0.4	0.4	0.4
农村合作银行	1.6	2	2.4	2.8
农村信用社	47.8	47.1	46.8	46.2
证券期货公司	0.5	0.5	0.6	0.6
保险公司	33.6	37.8	42.4	47.3
其他县域金融机构	24.2	23.4	22.7	21.5

资料来源：中国人民银行调查统计司。

由表5－3所列出的数据可以看出，按照涉农贷款发放机构划分，截至2009年末，国有商业银行涉农贷款的总余额为22 295亿元，占全国涉农贷款总余额的比重为35.8%；政策性银行的涉农贷款余额为13 458亿元，占全部涉农贷款的比重为24%；农村合作金融机构涉农贷款余额为21 989亿元，占全部涉农贷款的比重为33.9%，而其中的农村信用社占了25.6%。可见，涉农贷款的主要金融机构来自于国有商业银行、政策性银行和农村信用社，而其他的商业性银行或金融机构的贷款占比非常少。这主要是由于这些国有银行和信用社等金融机构的农业贷款依然存在着国家的政策导向和资金扶持。反观股份制商业银行以及其他的小型金融机构，已经完全走上市场化的道路，自负盈亏，面对涉农贷款的高风险、低收益，他们也就少有参与了。参与涉农贷款的金融机构的单一化，使得农村贷款的多样化需求很难被完全满足。基于银监会统计，截至2009年末，全国农户数量保守估计约为2.4亿户，其中有贷款需求的农户约有1.3亿户，其中，获得农村合作金融机构贷款的农户数超过7 900多万户，占全国农户总数的34.1%左右。

表5-3　按发放主体划分的金融机构涉农贷款总量统计表

机构	本外币余额（亿元）	占比（%）
金融机构	61 253	100.0
国有商业银行	22 295	35.8
政策性银行	13 458	24.0
股份制商业银行	3 964	6.5
城市商业银行	1 070	1.7
农村合作金融机构	21 989	33.9
农村信用社	16 746	25.6
农村商业银行	1 288	2.1
农村合作银行	2 815	4.6
其他机构	256	0.3

资料来源：中国人民银行调查统计司。

5.2.3　中国农村金融机构可持续发展能力渐强

根据中国人民银行的调查资料，截至2009年末，全国县域金融机构不良贷款率为11.4%，分别比2004、2005和2006年下降了将近9.0、6.2和3.2个百分点。以县域分支机构不良贷款率为例，其中，中国农业发展银行为26.8%，分别比2004、2005和2006年下降了27.9、25.9和17.9个百分点；中国农业银行县域分支机构的不良贷款率为31.3%，分别比2004、2005和2006年下降了3.7、2.6和0.4个百分点；县域农村合作金融机构的不良贷款率为11.7%，分别比2004、2005和2006年下降了12.1、3.4和1.4个百分点。

2009年全国县域金融机构的总利润额为785.3亿元，同比增长102.3%，比上年提高3.1个百分点，分别比2004、2005和2006年增加569.3亿、521.4亿和321.6亿元。此外，其中资产利润率为1.02%，比2004、2005和2006年分别提高了0.78、0.72和0.44个百分点。

5.2.4 农村金融机构的改革进展

自实施农村金融改革以来，中国农业发展银行、中国农业银行、中国邮政储蓄银行以及农业保险等各项改革都在稳步推进。

(1) 农村信用社改革进展情况

目前农村信用社改革进展顺利，并取得一些重要阶段性成果。具体成果主要体现在两个方面：首先，农信社的资产质量得到了比较明显的改善，与改革之前相比，不良贷款比例和资本充足率均有所下降。其次，在支农投放方面贷款不断增加，体现了支农力度的加大。同时，随着产权制度开始实施，农信社的法人治理结构将逐渐完善。

(2) 中国农业银行改革进展情况

在改革过程中，中国农业银行针对“三农”贷款时间紧、额度小、期限短等特点，进行了针对性的系统研究，简化业务流程，着实提高了对客户的服务水平。为解决“贷款难”等现实问题，中国农业银行开发出了“金穗惠农卡”系统，该系统具有六大功能，即小额贷款自助、小额信贷循环使用、电子化缴费以及生产消费“二合一”、涉农补贴资金兑付、资金汇兑，实用性较强，手续简便，方便农户。从整体上看，经过上述系列创新实践，在“三农”金融业务领域，中国农业银行近年来呈现出了良好的发展势头。截至2010年末，中国农业银行累计投放涉农贷款6 545亿元，占全行各项贷款累计发放额的32%。

(3) 中国农业发展银行改革进展情况

自中国农业发展银行推行改革以来，积极拓展支农服务领域，增强支农服务力度，逐渐形成了“一体两翼”的业务发展格局，即以粮棉油收购贷款业务为主体，以农业产业化经营业务和农业农村中长期贷款业务为两翼，以中间业务等为补充的全方位支农服务格局。截至2010年，中国农业发展银行信贷规模超过万亿元，年末贷款余额达到13 256亿元，占全部金融机构涉农贷款余额的比重为17.2%；经营利润首次突破百亿元，达到152.3亿元。而随着政策性银行的商业化改革进程的不断推进和深化，中国农业发展银行所具有的特殊政策优势，将使其越来越具有活力和竞争力。

(4) 中国邮政储蓄银行改革进展情况

自中国邮政储蓄资金实现自主运用后，通过积极为农村信用联社等地方性金融机构提供资金支持等措施，将储蓄资金返还农村使用，将“抽血”变“输血”。2007 年中国邮政储蓄银行成立后，通过参与银团贷款的方式，加大了对国家“三农”重点工程、农村基础建设和农业综合开发等领域的投资支持力度，并逐渐开始按照商业化运作模式，积极探索为农村提供基础性金融服务的有效方式，从 2008 开始在全国农村地区开展小额贷款业务。

（5）农业保险工作进展情况

发展农业保险的主要目的就是分散农业风险，以便提高农民的生活保障。最近几年，农村保险业在服务“三农”方面进行了深入研究和尝试，总体上得到了较快发展。自从中央财政对农业保险给予补贴后，此举措对农业保险的发展产生了重要的推动作用。总体来看，农业保险为农民的生产生活提供了保障。

5.3 农村金融业务发展现状

5.3.1 涉农贷款总量不足与使用非农化现象并存

表 5－4 按用途划分的金融机构涉农贷款总量统计表 单位：亿元

币种 / 项目	余额		
	本外币	人民币	外汇（折算为人民币）
涉农贷款	61 151	60 161	990
农林牧渔业贷款	15 055	15 023	32
其他涉农贷款	46 096	45 138	958
农用物资和农副产品流通贷款	10 394	10 353	41
农村基础设施建设贷款	5 633	5 623	10
农产品加工贷款	4 472	4 367	106
农业生产资料制造贷款	1 810	1 795	15
农田基本建设贷款	522	522	0
农业科技贷款	174	173	1
其他	23 091	22 307	785

资料来源：中国人民银行调查统计司。

2010 年末，全国县域金融机构存款余额为 10.12 万亿元，占全国金融机构各项存款的25.3%，而2010年末，金融机构涉农贷款总额为62 541亿元，占全部金融机构贷款总额的23%，占GDP的25%。比对数据可以看出，金融机构的涉农贷款不仅少于全国县域金融机构存款余额，也远远无法满足农村经济发展的现实资金要求，这种对农村“惜贷、少贷”情况的普遍存在，严重制约了农村生产、生活的健康发展。

表5－5　按承贷主体划分的金融机构涉农贷款总量统计表

单位：亿元

项目	余额		
	本外币	人民币	外汇（折算为人民币）
涉农贷款	62 541	60 161	990
农户贷款	13 399	13 399	0
企业贷款	42 063	41 076	987
农村企业贷款	32 531	31 628	903
其中：农村中小企业贷款	17 390	17 107	283
城市企业涉农贷款	9 533	9 448	85
各类非企业组织贷款	5 689	5 686	3
农村各类组织贷款	4 455	4 453	2
城市各类组织涉农贷款	1 234	1 233	1

注：1. 农户贷款指金融机构发放给农户的所有贷款。2. 企业贷款指金融机构发放给农村企业的贷款和城市企业的涉农贷款。3. 各类非企业组织贷款指金融机构发放给各类非企业组织的涉农贷款。

资料来源：中国人民银行调查统计司。

根据表5－4按用途划分的金融机构涉农贷款总量统计表可以看出，截至2010年末，在全部涉农贷款中，农林牧渔业贷款余额为14 562亿元，占涉农贷款总额的25.2%左右；其他涉农贷款余额为46 235亿元，占涉农贷款总额的75.6%。可见，金融机构的涉农贷款中，用于农林牧渔等传统产业的资金支持较少，而其他涉农贷款占款较多，总体来看，在涉农贷款中的具体使用过程中，非农化现象非常严重。

由表5－5按照承贷主体划分的金融机构涉农贷款总量统计表可以看出，2010年末，全部涉农贷款中农户贷款余额为14 569亿元，占涉农贷款比重为22.6%；企业贷款余额为45 096亿元，占涉农贷款比重为69.8%；各类非企业组织贷款余额为5 879亿元，占涉农贷款比重为7.6%。从贷款的使用范围来说，可以看出，真正用于农户生产经营贷款和农户消费贷款的占比很小，而其他企业和组织的贷款使用却较多，进一步验证涉农贷款非农化、表面化现象非常严重。

5.3.2 新型农村金融机构和小额贷款公司发展的进展情况

为缓解农民贷款难等现实问题，从1999年起，中国开始基于农村信用社在农村地区推广小额贷款业务，整体看取得良好的经济效益和社会反响，特别是在农户小额信用贷款、联保贷款等业务方面。截至2010年末，全国农村信用社的农户贷款余额达到1.23万亿元，其中，农户小额信用贷款和联保贷款余额为4 000多亿元，约占农户贷款余额的34%。除农村信用社以外，目前在农村地区经营的金融机构也相继尝试开办了各种形式的小额贷款业务。但由于农户的收入来源的单一性、弱质性，即主要依靠农作物的生产，它具有周期长、季节性、风险高等特点，而目前的小额贷款却是额度小、期限短，实际的期限错配导致很难满足农户生产生活的真实需要。

商业性小额贷款公司试点工作开展以来，以服务“三农”、支持农村经济发展为目的，为农户、个体经营者和微小企业提供小额贷款的小额贷款公司陆续涌现。小额贷款公司的资金来源主要有：自有资金、捐赠资金等，经营特点是不能吸收存款，不能跨区经营，但贷款利率可由借贷双方自由协商。小额贷款公司的这种“只贷不存”的特点，无异于“只水无鱼”，很难实现可持续性的长期发展，甚至从长期来看，随着自由资金的日益枯竭，生存都很困难。实际中，由于资金来源单一，很多小额贷款公司都已经迫入“贷无可贷”的尴尬境地。之所以还有很多小额贷款公司在苦苦支撑，究其主要原因是，很多小额贷款公司期望未来能够成功转型成村镇银行等金融机构，以便通过吸收存款来实现可持续发展。但银监会发布的《小额贷款公司改制设立村镇银行暂行规定》中要求，小额贷款公司改制为村镇银行必须满足村镇银行市场准入的基本条件，包括必须有银行业金融机构作为主发起人，则小额贷款公司的大股东很有可能变成其他的商业银行，从而导致原始股东们的利益受到影响。小额贷款公司的生产发展状况不容乐观。

5.3.3 民间借贷市场发展迅速但不规范

据人民银行统计，目前中国民间金融的规模在9 500亿元人民币左右，占 GDP 的 6.96%，占本外币贷款的 5.92%。这 9 500 亿元的民间金融规模包含着城市居民和非乡镇企业的民间融资，若剔除这两项，与农业部的调查结果基本一致，即目前中国农村民间金融总规模约为7 000亿元，约占全国农村金融市场的 28%。

据调查，农户的民间借款总量已经远高于农户向国有银行等农村正规金融机构的借款，大部分借款是依靠亲朋好友信用关系解决的。调查结果还表明，民间借贷市场的繁荣程度与当地经济发展水平呈正相关。例如，北京郊区民间借贷市场较为发达，在正规金融有效供给不足情况下，民间借贷已经成为目前农村经济发展的重要力量。而在江浙闽等商品市场以及中小企业发达地区，民间借贷需求更为活跃，估计每天地下钱庄进出的资金高达千万元甚至过亿元。关系型信用具有相互担保机制、交易成本低和促进亲缘关系等特征，从而一定程度上为民间融资提供了发展道路。

而随着民间借贷市场的迅速发展，其中的问题也随之产生。由于民间借贷的私人化、地下化，借贷双方的利益都很难得到相应的法律保护，这就越来越需要我们规范民间借贷市场，对其进行法律保护，使之阳光化、公开化、合法化。这样，一方面可以缓解中国农户、中小企业等融资难的问题，保护他们的利益；同时，还可以考虑个人注册从事放贷业务，使之纳入监管，保护农民的投资利益，也有利于国家全面掌握金融体系实际状况。而且，民间借贷阳光化后对一些高利贷、非法集资、非法吸收公众存款等行为都会起到一定的预防作用，有助于农村经济生活的稳定。

5.4 中国村镇银行的发展困境

村镇银行作为新型银行业金融机构的主要试点机构和我国农村金融体制的一项重大创新，拥有机制灵活、依托现有银行金融机构等优势，自 2007 年以来取得了快速的发展，对激活农村金融市场、完善农村金融组织体系、搭建农村金融供给新渠道和改进农村金融服务已经产生了积极影响。但作为新生事物，由于受到各种内外部因素的制约，村镇银行在发展中不可避免地遇到了许多具体问题。厘清村镇银行发展中面临的各种问题及内外部制约因素，才能促进其可持续健康发展，进而发挥应有的功能。

5.4.1 村镇银行发展的背景

自1979年开始的农村金融改革中，我国农村基本上形成了以国有商业银行、政策性银行和农村信用合作社为主体的正规金融体系。与此同时，民间借贷也悄然萌发，形成了一套在法律约束之外的非正规金融系统，与正规金融体系并存。1997年以来，受商业利润最大化的驱使和基于入市后市场竞争加剧的考虑，中国工商银行等各大国有商业银行逐渐从农村撤出。目前，我国农村地区金融体系以农信社为主体，农村金融市场呈现出金融网点覆盖率低、金融供给不足的局面。据统计，截至2003年，国有商业银行一共撤销了31 000多个县级以下营业网点，农村金融网点覆盖率越来越低。而1994年成立的政策银行——中国农业发展银行，其业务以支持粮棉油的流通为主，很少涉及农业基础建设方面，对我国农村金融市场的影响相对较小。因此，目前我国农村金融市场主要以农村信用合作社、农业银行和邮政储蓄银行为主体，他们成为当前农村金融机构的核心力量。然而，随着中国农业银行不断收缩其在农村的金融业务，邮政储蓄只开展存款业务，农村信用合作社实际上逐渐形成了在农村金融市场上的垄断地位。然而为了追求利润和加强风险控制，农信社的资金存在着向城市和大型乡镇企业流动的趋势，其经营业务“非农化”的倾向相当明显。

目前我国新农村建设正在如火如荼开展，城镇化进程正在稳步推进。相应地，农村金融需求日趋上升并呈现出多样化的趋势。随着农村产业结构的调整和农村生产经营方式的改变，农村金融需求不只是为简单的农业生产服务（如购买化肥、农药等），而逐渐转向资金需求更高的专业化和大规模生产上。同时，城镇化进程的加快，使农民对教育培训、住房、医疗卫生等服务的需求上升，相应地农民需要更多的资金支持和金融服务。

从上述两个方面来看，我国农村金融市场上，一方面需求上升，一方面供给不足，供需矛盾突出。此外，在这种长期的金融抑制条件下，为了从金融领域内获取高额利润，大量的民间资金以“灰色”身份参与各种形式的地下金融活动，难以寻找到正规的发展渠道，这不仅在一定程度上扰乱了国家的金融秩序，也为资金的所有者带来了巨大的风险。

可见我国农村现有的金融体系已经不能满足农村建设和发展的需求，农村金融改革非常必要和重要。因此，在引导商业性、政策性金融机构重返农村的同时，大力发展和培育适合“三农”特点的村镇银行，发挥其经营灵活、运营效率高等优势，以有效增强农村地区金融服务的能力，切实提高农村金融服务水平，同时也为民间资金提供了一条正规化发展的合理渠道。国际经验也表明，解决农村金融发展难题的途径之一就是广泛设立为农村中小企业和农民提供金融服务的诸如村镇银行之类的微型商业金融机构。

5.4.2　发展村镇银行的现实意义

首先，从根本上改变了原来对农村金融体系存量改革的思路。由于多种原因，相对于城市金融而言，我国农村金融改革启动迟、进展慢，还存在一些深层次矛盾和问题。农村地区银行业金融机构网点覆盖率低、金融供给不足、竞争不充分等问题，已经成为制约农村经济发展的重要“瓶颈”。具有低门槛、多元化资金来源、灵活多样的股权与治理结构的村镇银行进入农村金融市场，不但为农村金融市场引入增量因素，增加了对农村金融供给的新渠道，而且村镇银行从成立之始，就对其设立条件、股权设置、治理结构、经营管理、内控机制及监管方面都作出了严格的规定，对股东在财务状况、经营管理能力等方面的要求更形成了机构经营者的优胜劣汰，这必将推动农村金融的不断发展，缓解农村金融的“贫血症”。

其次，有利于竞争性农村金融市场的构建。能够在一定程度上缓解农村金融供需的矛盾。长期以来，农村金融改革的重点始终围绕着农村信用社这一存量机构展开，可是从结果看，无论是规范合作制，还是提供多种模式的改革尝试，效果都不甚理想，改革后的农信社的经营状况并未得到根本改变，效率低下、形式单一等问题依然存在。深究其原因，一个不容忽视的问题就是农信社在农村金融市场上处于近乎垄断的地位，造成农信社本身缺乏改进的动力，而村镇银行的建立，无疑将会与农信社形成一定程度的竞争，在促进其改革与发展的过程中，逐渐促成竞争性的市场环境。

5.4.3　村镇银行的发展现状

我国村镇银行的发展是在社会主义新农村建设的大背景下进行的。

2006年12月，银监会发布了《关于调整放宽农村地区银行业金融机构准入政策更好支持社会主义新农村建设的若干意见》，首次对包括村镇银行在内的农村金融机构的准入条件、设立方式、监管措施等进行了原则性阐述，并确定了四川、青海、甘肃、内蒙古、吉林、湖北6省(区)的农村地区作为首批试点区域。

2007年3月1日，南充市商业银行发起成立了我国首家村镇银行——四川仪陇惠民村镇银行。此后，各类商业银行纷纷加入到发起设立村镇银行的行列中。特别是2007年10月银监会将试点范围扩大到全国31个省（市、区）后，村镇银行在全国各地如雨后春笋般涌现。2007年底，全国开业的村镇银行仅19家，且全部集中在首批6个试点省(区)。截至2010年6月末，全国已开业村镇银行增至214家，并覆盖全国30个省（市、区）。根据银监会的规划，到2011年底，我国村镇银行数量将超过1 000家。从发起行来看，虽在具体策略上，不同主体又各有侧重，但大型国有银行、中型股份制商业银行、区域性银行机构、外资银行在内的四类商业银行均已参与发起设立村镇银行，其中区域性银行仍为村镇银行发起主力。

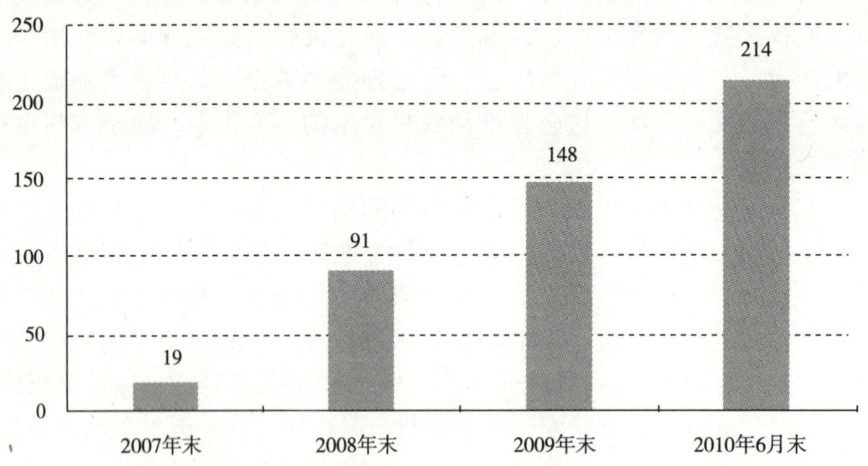

数据来源：银监会网站。

图5-2　我国村镇银行数量增长情况

5.4.4　村镇银行目前所面临的问题或困难

第一，市场定位偏差，偏离办行宗旨。

村镇银行试点的目的是“解决农村地区银行业金融机构网点覆盖率低、金融供给不足、竞争不充分等问题”，即按照工业反哺农业、城市支持农村、已经富裕起来的群体扶持弱势群体的指导思想适时组建村镇银行，是以服务“三农”为根本宗旨。但由于村镇银行是“自主经营，自担风险，自负盈亏，自我约束”的独立的企业法人，各发起人或出资人必然会把实现利润最大化作为自身最大的追求目标，村镇银行在利益的驱使下很难实现“从一而终”的既定经营理念，从各地村镇银行的实际运营来看，一些村镇银行的市场定位与政策性目标的差异性突出，纷纷把资金投向能盈利的优质项目，并未全部服务于农村中的弱势群体的资金需求，发生在农村地区的国有商业银行信贷资金“农转非”现象将不可避免地在村镇银行重现。村镇银行市场定位偏差，究其原因，一是村镇银行现行制度安排使然。村镇银行从其资金来源看，包含了国内外的银行资本、国内的产业资本以及民间资金，这些资金所追求的无一不是利润最大化。二是从村镇银行的股权设置看，虽然民间资金参与了新设的村镇银行，但是受制于发起人制度的限制，村镇银行仍然不能脱离现有金融机构独立存在。商业银行长期“做大”的信贷方式，难以主动去适应农村金融需求的小额、分散的特点。

第二，筹集资金困难，运营成本相对较高。

村镇银行设立于我国广大的农村贫困地区，虽然是农民自己的银行，是“穷人的银行”，具有一定的本土优势，但由于这些地区受地域自然条件和开放程度等限制，居民收入水平不高，农民和乡镇企业闲置资金有限，客观上制约了村镇银行储蓄存款的增长。同时，村镇银行成立的时间较短，农村居民对其缺乏了解，与国有商业银行、邮政储蓄银行、农村信用社相比，农村居民对村镇银行的认可程度大打折扣，而其自身资金实力虽较其他两类新型金融机构相对殷实，但与农业银行等传统金融机构相比，仍显单薄，这也必将增加社会对其风险的担忧。此外，村镇银行网点少，现代化手段匮乏，缺乏对绝大多数农村居民的吸引力，部分居民将钱存到村镇银行，其初衷主要是为了获得村镇银行的优惠贷款。吸储困难已导致试点中的村镇银行出现流动性问题。数据显示，一些村镇银行的贷存比已经超过了监管红线75%，个别银行甚至超过了100%，有的甚至开始动用资本金发放贷款。

银行运营成本往往使用“收入费用率”作为重要依据，即经营费用占收入的比率，其一般与银行规模呈负相关，即银行规模越大，收入费用率越低，反之亦然。国有银行和股份制银行的收入费用率通常为15%左右，农村信用合作社通常为22%～30%，而村镇银行则高达40%以上。而在贷款管理方面，农产贷款通常为小额贷款，客户管理方面单位成本较高，加之村镇银行信贷人员多为在当地招聘简单培训便予以上岗，人员素质问题必然造成贷款管理成本的增加。村镇银行尽管是主要起着支农作用，但其必定为商业性机构，有盈利性要求，一旦盈利无法保证必然影响其持续经营。

第三，御险能力较差，风险控制任重道远。

信用风险方面。村镇银行信贷支持的主要对象为弱势产业——农业，弱势群体——农民，农业和农民对自然条件的依赖性很强，抵御自然灾害的能力弱，在农业保险体系不健全的情况下，村镇银行的信贷资金存在严重的风险隐患。首先，改革开放以来，为支持“三农”经济的发展，国家出台了一系列惠农政策，农民得到了很多实惠，因而也使一些农民对政策产生了很强的依赖心理，一定程度上使他们认为，在村镇银行获得了贷款就等于在财政部门拿到了补贴，可不用考虑归还，加之村镇银行发放的贷款多以信用贷款为主，极易形成信贷的道德风险；其次，金融生态环境还有不尽如人意之处，在我国经济欠发达的农村地区，一些借款户信用意识、法律意识淡漠，欠账不还，签字不认，逃、废、赖债之风不同程度地存在，信贷资金安全面临很大挑战。相对农业银行、农村信用社等农村金融机构，村镇银行内控和安防能力相对薄弱，应对农村市场错综复杂的社会治安形势能力不够。

操作风险和流动性风险方面。就村镇银行的人员配置而言，大多数村镇银行除董事长、行长等少数几人由出资参股银行金融机构选派，其他均在当地招聘，简单培训便予以上岗，人员素质相对较低，由其两三人组成的部门难免会使经营治理制度流于形式，增加操作风险。且其在业务初期，重营销轻管理，业务盲目扩张必然会产生贷款不良率上升等风险。此外，村镇银行由于其经营对象农业的弱质性，其经营周期多为春种秋收，相对贷款即为春贷秋还，贷款发放时间上集中度也较高，在村镇银行相对传统金融机构吸收存款方面处于劣势的情况下，许多村镇银行由于存款不足甚至动用资本金放贷，如吉林东丰诚信村镇银行等，使得村镇银行流动性风险增大。

系统性风险方面。在大多数农村地区，小农经济是农村经济的主体，农户生产比较分散，抗风险能力也较低，持续发展能力不高，而且就某一特定地区来说，产业结构比较单一。这会对以微小企业和农户为主要服务对象的村镇银行产生明显的产业风险，若某一产业的发展环境恶化，出现大范围的衰退，那么相关地区的经济发展就会受到限制，农户或企业的还贷能力无法保证，违约的情况很有可能会发生。同时，若发生自然灾害等不可控因素，农户经济承受能力低，也会影响其信用水平。而银监会政策规定村镇银行不能面对区域外的客户，只能贷款给本县或本乡的农户，更是加大了出现以上情况的可能性。一旦出现地区性自然灾害或市场波动，村镇银行缺乏有效地对冲与规避风险能力，便会造成其整体风险的巨大损失。

5.4.5 村镇银行发展建议

第一，村镇银行的设立应遵循“因地制宜，稳步推进”的原则。

从已设立的村镇银行来看，基本上分布在各省各地区较为贫困的乡镇，对在哪设立村镇银行没有一个统一的标准，因为我国各个地区间在生活水平上还存在很大的差异，例如，一个东南沿海的富裕地区的贫困乡镇相对于西北地区来说就很富裕了，设立村镇银行可能根本不在考虑之列，因此各地区应该根据自己的经济条件、金融特点、生产力水平优先在符合条件的乡镇设立村镇银行，然后稳步推进，逐渐扩展开来。在经济发达地区，对资金的需求量相对较大，可以考虑设立多种所有制的村镇银行，注册资本可以适当提高，促进较大规模的村镇银行的发展，村镇银行同其他商业银行相比，虽然相对比较灵活，但也不是越小越好，在有条件的地区，适当建立规模较大的村镇银行不但能够有效抵御各类风险，而且还为以后村镇银行分支机构的发展打下了基础，每家村镇银行从成立到营业到完善乃至成熟不但要经过较长的时间，而且成本也是很高的，发展壮大的村镇银行再到别的地区开立分支行就能够避免此类问题。而在经济欠发达地区，应该鼓励设立小型化的村镇银行，适度降低准入门槛。

第二，明确村镇银行的市场定位以实现差异化服务。

村镇银行成立之时并没有明确指出村镇银行具体的市场定位。村镇银行只有准确进行市场定位才能抓住机遇，更好地为新农村建设提供金融支持，才能更好地规避和防范各种营运和监管风险，从而可持续地发展下去。村镇银行应以服务“三农”为宗旨，将市场定位于满足当地农产和农村中小企业的金融服务需求，通过金融创新，提供个性化服务，与传统涉农金融机构展开错位竞争。首先，村镇银行应根据当地经济发展情况细分金融市场，本着弥补市场空档的原则，结合自身优势，大力挖掘与培育一批优质客户群。其次，村镇银行在开展信用审查时，除了审查财务数据外，更应关注借款人的性格特征、家庭构成、日常开销特征等个性化因素对还款能力的影响；在进行信贷审批时，要能更好地理解农户和农村中小企业在经营中可能遇到的困难，并能为他们提供个性化的融资和咨询服务。最后，村镇银行要坚持市场化原则和商业化运作模式，在成本可测和风险可控的前提下，积极创新符合当地客户合理需求的金融产品。

第三，应给予村镇银行一定的政策扶持力度。

为促进村镇银行更好服务“三农”，除在农业保险方面对其给予支持外，在政策上也应加大扶持力度。监管部门和地方政府要发挥国家政策的激励和引导作用，综合运用财税杠杆和货币政策工具，发挥存款准备金、支农再贷款、利率等货币政策在鼓励农村金融发展中的作用，定向实行税收减免和费用补贴，引导村镇银行延伸和发展针对农村和农户的金融服务。在存款准备金方面，目前给予村镇银行与农村信用社相同标准，可根据实际情况适当再行降低标准。对村镇银行的再贷款方面也应予以支持，同时适时开放同业拆借市场增强其资金实力。利率可根据村镇银行所在地区的农业实际经营情况、乡镇实际经济情况、农产对利率的实际承受能力给予调整，给予更为灵活的定价机制。降低结算准入门槛，使村镇银行可加入大小额支付系统和支票影像交换系统，以提高其结算效率。此外，宁夏、四川、浙江等地的人民银行已经开始对当地的村镇银行发放支农再贷款，缓解了村镇银行可贷资金不足问题，这也是值得推广的。另外，要支持村镇银行抓住新型农村养老保险试点的良机，积极参与农村养老保险金的发放，提高村镇银行的知名度和影响力。监管部门要将村镇银行支农业务的情况纳入考核体系，结合税收优惠政策的调整，引导村镇银行开展农户联保贷款、农业产业链互助担保贷款和林权抵押贷款等业务，增加支农信贷投放，大力改善支农服务，支持农业发展和新农村建设。

第四，引导村镇银行建立严密的风险防控机制。

针对村镇银行经营风险较大的问题，首先应在村镇银行内部建立有效的风险评估体系，对信贷风险审批流程制定严格的规章制度，避免因信贷人员素质或主观性评估而造成的信贷风险。在操作中还可引进一些银行的成功模式，如孟加拉国格莱珉银行的农产联保模式，增强风险防控。

为了解决在发放贷款过程中的信息不对称问题，可以考虑利用农村资产、信用较好地涉及商业服务职能的农户、工商户来为村镇银行提供信息。村镇银行可以建立"村镇银行—贷款服务中心（信贷员）—金融服务站（村）—农民贷款小组"的四级市场网络。其中，贷款服务中心由村镇银行的信贷员或者客户经理管理；村级金融服务站依托村委会协助村镇银行了解农民的金融需求和经营状况，进行贷款管理和收回；农民自发成立的贷款小组不仅对成员贷款承担风险连带责任，还进行生产购销方面的合作。为了便于控制信贷风险，村镇银行在发放贷款时，可以将三名客户经理划分为一组，实行三人客户经理小组制，分别负责贷前调查、贷款审查、贷款跟踪等职能。其中，调查岗的职责是对农户的基础信息进行调查，包括农户的贷款用途和个人信用度的调查等；审查岗主要负责对农户贷款手续的真实性和完整性进行审查；贷款跟踪检查岗负责对借款人的贷款使用情况进行跟踪检查。三个岗位在对贷款风险进行控制的同时，也承担贷款清收的连带责任，依次承担40%、40%和20%的责任。

此外，还需提高经营管理水平，加强对员工培训，建立风险问责制，增强其识别风险的能力和防范风险的意识，加强贷款信用风险防范，使村镇银行远离高风险行业。应建立对村镇银行从业人员教育培训的支持机制，切实提高经营管理水平。针对村镇银行单个法人开展教育培训成本高的问题，应从外部积极为其创造条件，提供良好的培训教育平台。同时村镇银行应加强贷款信用风险的防范。要做好贷前工作和贷后跟踪，与贷款客户保持经常联系。要借鉴国内外经验，尽快建立符合实际的信用风险预警系统和信用内部评级体系，有效预测风险。对村镇银行贷款客户的资信状况和信用额度实行按年考核、动态管理的原则。对于无实物抵押的信用贷款农户，可以采用联保制度或其他担保制度控制信用风险；对于需要担保的农村中小企业贷款，要认真审核担保品和担保资格。

5.5 中国农村金融供给不足的具体表现

5.5.1 中国农村金融机构覆盖率低

随着这些年国有银行市场化改革步伐的加快，四家大型商业银行陆续将网点从县域撤并回城市，从业人员规模缩减、层次逐渐提高，就业务方面，也将信贷业务从农村地区逐渐转向了城市，致使中国部分农村地区出现了金融服务空白。截至2010年末，全国金融机构的县域网点数为12.8万个，比2004年减少12 568个。四家大型商业银行机构的县域网点数为2.3万个，比2004年减少6 897个；金融从业人员41.2万人，比2004年减少5.2万人。截至2010年末，全国县域金融机构的网点数为11.9万个，平均每万名农民仅拥有银行1.09个，特别值得注意的是，全国3 025个乡镇没有任何金融机构，农村金融机构覆盖率之低可窥一斑。

不幸的是，在国有大型银行缩减县域营业网点的同时，其他金融机构的县域网点数也在呈现下降趋势。截至2010年末，农村信用社在县域网点数仅仅为4.8万个，分别比2004、2005和2006年减少10 254、5 423和498个，下降速度年均为3.5%左右，其中在经济发达的东部地区，金融机构县域网点数年均下降更是高达9%左右。

5.5.2 中国农村金融机构经营能力以及风险管理水平偏低

从人员素质看，人力资源结构性矛盾和队伍素质问题日渐突出，如农村金融机构职员文化程度普遍偏低，年龄结构趋于老化。据有关调查统计，在农村合作金融机构员工中，本科学历占比不到1%，但平均年龄已经接近40岁。从管理水平看，农村金融机构普遍缺失责任明晰的公司治理结构，内控薄弱，经营机制也不灵活，网络覆盖率较低，有些机构辖内尚未实现完全联网。与城市金融机构相比，农村金融机构的基础设施以及管理水平的确令人担忧。从风险控制能力看，农村金融机构的操作风险严重，资本充足率严重不足，资产质量普遍不高。

5.5.3 中国农村金融机构支持农村发展力度不够

2010年，中国县及县以下农村地区的贷款余额5.72万亿元，占全国银行业金融机构各项贷款余额的22%，农村地区人均贷款额约7 700元，远低于城市地区人均贷款余额3. 5万元。据统计，2005年中国全国农村资金需求总量近40 000亿元，同期资金供给总量为27 000亿元，供需缺口约13 000亿元。“三农”获得金融服务的支持力度明显不足。这主要是由于国有银行农业信贷持续萎缩、农业发展银行扶农功能弱化、农村信用社支农能力不足等几个方面的原因造成的。

5.5.4 中国农村金融机构不良贷款比例仍然偏高

虽然近年来随着金融机构经营水平的提高，中国农村金融机构的不良贷款率明显下降，但不良贷款比例仍然偏高，根据人民银行的统计，截至2010年末，县域金融机构平均不良贷款率为11.9%，远高于同期国有四大商业银行4.3%的平均不良水平。分地区看，东北、中部和西北地区机构不良贷款率分别为22.3%、16.4%和12.3%，远高于全国县域平均水平18.2、6.8和4.5个百分点。究其不良贷款率较高的原因，不仅与中国农村金融机构自身经营管理的不够完善、治理结构不明晰相关，也与对贷款的审批，监督和追讨等程序的控制不够紧密严格相关，致使不良贷款依然维持较高，此外，乡村债务消化进程缓慢也是不良贷款率较高的原因之一。农村金融机构在农村地区经营，除了面临自身经营风险外，还将由于农业弱质性承受比城市经营更高的系统性风险，农业保险制度的发展滞后也是导致不良贷款率较高的重要原因。面对较为落后的金融环境，高比例不良贷款的根除存在很大的困难，从而也就减少了金融机构发放贷款的信心，于是惜贷现象更为严重，形成恶性循环，银行等金融机构越来越难以满足中小企业和个体农户的贷款需求。

5.6 农村金融供给不足的制约因素探究

5.6.1 低盈利性和服务群体弱质性是农村信贷市场根本制约因素

国民经济的基础是农业发展，实现工业化和国民经济稳定发展的前提条件就是农业劳动生产率的提高。而要保持农业发展以及实现劳动生产率提高，首要任务就是增加对农业的投入。而对农业的投入还得基于两个先决条件：首先，必须确保正收益，即农产品的销售收入必须高于农业生产的投入成本；其次，与全社会平均投资收益率相比，农业投资的收益率必须高于或至少不低于前者。但是由于农业的自身弱质性，即受自然与市场双重风险约束，目前这两个条件都不可能满足。此外农村城镇化水平滞后和城乡二元分割也影响了对农业投资收益的预期。

农村信贷主体的弱质性表现在两个方面：首先，由于居住分散，贷款缺少规模效应导致贷款成本偏高。其次，缺少有效的抵押与担保成为制约银行信贷投入的症结，由于土地与房产具有基本生存保障作用，法律规定不得抵押。另外，农村经济主体经营信息难以掌握，农业收入不确定，财务透明度低，信贷风险大。最后就是信誉问题，信用缺失造成信息不对称性、逆向选择和道德风险，一定程度上也制约了信用供给。总之，农村经济的弱质性、农村城镇化水平滞后、城乡二元分割等本质性问题的存在，大大减少了对以逐利为目的商业银行的吸引力，进一步使得农村地区原本稀缺的资金变得更加稀缺。

5.6.2　金融抑制政策和工业、城市优先发展战略的体制性因素

国有企业信贷刚性以及监管机构对正规金融机构软性约束，导致金融资本主体的国有性与农村产业资本主体的民有性二者之间不兼容。主要表现在两方面：首先，国有商业银行在垄断农村储蓄信贷市场的同时，对农村经济贷款却连年下降，没有形成有效回流机制，农村金融市场失血严重。其次，金融资源大幅度向城市及国有企业集中。整体上看，呈现出了明显的城乡二元结构。

5.6.3　农村信贷市场存在严重信息不对称

信息不对称是指信息银行和农户之间的信息不透明所隐含的道德风险。在信贷市场上，银行与借款者存在信息不对称主要表现在两个方面。第一是逆向选择问题，申请贷款前，由于银行缺乏有关项目信息，即在较高的贷款利率下，相对安全的投资变得无利可图，从而使得一些低风险、高质量的项目退出信贷市场，低风险的排挤反过来抬升了信贷申请者的整体风险水平，风险水平提高又负作用于贷款利率，出现恶性循环；第二个问题就是道德风险，由于人员以及行业了解不足等自身条件受限，房贷后银行一般难以获得投资项目以及相关经营信息，很难对借贷人进

行有效监督，在这种情况下，个别贷款者可能违背初始贷款目的，将信贷资金改投于高风险、高收益项目，从而提高了贷款风险。由于存在有效信息不可获得以及无效信息不可确认，在很大程度上增加了中国农村金融机构的信息获取成本。究其信贷配给、信贷交易萎缩以及商业银行市场退出的重要原因，主要还是农村信贷市场的信息不对称所致。

（1）农村信用缺失。当前，通过开展“信用村”活动，农村的信用环境虽有了一定的改善，但农村、农民对征信体系知之甚少，农民信用意识比较低，农村的信用环境比较差，仍存在一些问题，视金融部门贷款为“唐僧肉”、是政府补贴，抱着“能借则借，能逃则逃，能废则废”的态度，制约了金融机构对农村的信贷投入，阻碍了农村经济发展。

（2）农户可用的信用档案资料匮乏。一是只有少部分的农民建立了信用档案。多数农民因未与金融机构发生信贷业务关系，而没有在人民银行个人征信系统中建立信用档案。全县农村劳动力约8.6万人，在人民银行个人征信系统中建立信用档案约1.2万人，占比为13.95%。二是个人征信系统中的农民信用信息不全面。目前，个人征信系统中，能查询到的个人信用信息只有基本信息和银行信息，缺乏非银行信息。三是人民银行的农户信用信息档案尚未完全建立。由于人民银行的农户信用信息档案建设尚处于初级阶段，建立的农户信用信息档案较少。到目前为止，人民银行某县支行所建立的农户信用信息档案223户，已建立农户信用电子化档案只有45户，且尚不能对外提供农户信息。四是农信社只建立部分农户经济档案。当前，在某县农信社建立的农户经济档案约1.1万户，只占全县3.5万户的31.43%。且这部分农户经济档案只用于农信社内部，不对外共享。

（3）非银行信息采集难。当前，与人民银行县级支行建立信用信息共享机制的非银行机构只有法院、技监局、环保局三家，也只有三家机构为人民银行征信部门提供信用信息，但信息量很小，采集的信用信息不全面。其他多数的权力机构由于尚未与人民银行县级支行建立信息共享机制，且这些权力机构所掌握的大量信用信息有的对外封闭，有的对外共享时机尚未成熟，难以成为人民银行的征信信息。总体上，人民银行征信部门所能采集的非银行信息量很少且有限，难度很大。

（4）个人征信系统的失信约束功能发挥受到制约。人民银行建立了个人征信系统以后，虽收集了大量的个人信用信息，为银行业金融机构的信贷活动提供了方便，起到了约束信贷失信行为的作用，但其约束功能的发挥却受到以下方面的制约：一是受制于银行业金融机构所提供的基本信息、银行信息的及时性和准确性；二是受制于人民银行非银行信息的采集量低；三是受制于信用产品的开发与运用范围单一。个人征信系统失信约束功能的发挥受到制约，不利于农村的诚信建设。

5.6.4 金融生态环境的制约因素分析

良好的政府信贷支持系统及高效的司法制度能有效降低商业银行与借贷企业之间交易成本和信息维护成本。但由于法律保障缺位，个人、企业资信评估体系和信贷担保制度与担保机构不作为，以及农业保险和存款保险制度尚待建立，导致目前中国农村信贷市场难以分散风险，导致信贷市场的深化发展受到严重制约。

（1）抵押担保资产不足严重影响银行贷款

由于农村的个体户和中小企业的经营场所、产品和经营周期有其特殊性，不能作为银行的抵押担保品。同时，我国《担保法》规定，耕地、宅基地、自留地、自留山等集体所有的土地的使用权不得抵押，《农村土地承包法》也没有明确土地承包经营权可以设定抵押，致使农民、个体户和中小企业合作者在资金困难时很难获得银行提供的信贷。当期中国农村地区农民贷款难的突出原因之一就是抵押担保物品的缺失，因此，如何高效通过部分财政资金开展农村抵押担保创新，已是学术界和决策者关心的现实问题。从国际相关经验的梳理来看，很多国家都在这方面进行了有益的探索和尝试，荷兰采取了通过财政出资建立担保基金，再通过这些担保形式来促进农村信贷发展；而美国则是通过给农产品定价来实现担保，即以农产品最低收购价格作为计价基准，商业银行可以通过农产品进行抵押担保。为此，中国应在借鉴国际经验基础上，大力推动中国农村信贷抵押担保方面的创新。

（2）农业保险制度滞后扩大了农村资金的供求缺口

从国际经验看，农业保险是推动相关国家农村金融市场深化的重要工具，也是农村金融不可缺少的组成部分。当期中国农业保险发展滞后，已经带来两方面不利影响：首先是导致“三农”经济收入平稳增长缺乏有效保障；其次是导致农村金融市场的信贷风险严重偏高。总体来看，中国农业保险的整体规模与农村经济对农业保险的现实需求之间存在巨大的差距。据有关数据整合，2010年，农业保险保费收入不足200亿元，承保农作物仅为2亿亩左右，大小牲畜仅为6 000万头（只）左右，家禽为3亿羽（只）左右，仅能够为农业生产提供2 500亿元风险保障。

（3）中介服务体系先天不足，建设不到位

受利益驱动影响，会计、审计、咨询、评估等中介机构缺乏行业约束，报告失真，权责不明，少有问责。有些中介机构在利益的驱使下，出具的报告缺少客观性、真实性，以满足客户的要求为准，不对其造成的不良后果负责，缺乏良好的职业操守。另外，没有形成应有的市场淘汰机制和行业品牌，公信度不高，影响了金融部门的正确决策和健康发展。

6　中国农村金融抑制的原因：基于交易视角的金融供求矛盾分析

6.1　正规金融机构存在严重的供给不足

6.1.1　农村政策性金融功能不全

中国农业政策性金融存在的主要问题是：政策性金融的总体规模较小，支农功能不断弱化；政策性金融作用领域较为单一；贷款的期限结构以短期为主。以中国农业发展银行为例，其在发展中存在的主要问题表现在如下方面：

（1）业务范围狭窄，功能单一。为各类农业开发和技术改造提供生产性贷款和扶贫贷款是早期中国农业发展银行承担的主要工作，其目的主要是为了贫困地区农业生产条件的提高以及促进经济发展。但在后期政策进行了调整变动后，中国农业发展银行业务功能反而退化单一了，仅是在农产品收购方面发挥着作用，可以算得上是“粮食银行”。随着粮食市场的放开，专门针对以粮食收购为主的中国农业发展银行甚至已经失去继续存在的必要。

（2）资金来源不稳定。中国农业发展银行资金主要靠财政拨款及贷款提供。但由于财政收支不平衡等原因，常常造成补充资金不能及时到位，中国农业发展银行实际上需要靠自己来解决资金问题，比如发行金融债券、向央行借款等手段，显然筹资成本提高了；而相对的是，中国农业发展银行往往提供优惠贷款，这样就存在着很大的利差缺口和利率风险。

（3）资金运用效益不高。中国农业发展银行的资金主要用途是支持农产品的各个流通环节，即以流动资金贷款为主体的各项资金需求。在目前中国的金融制度下，中国农业发展银行的贷款发放对象主要是国有粮棉企业，为政府按保护价收购粮棉、农民余粮等农副产品提供资金支持。但是粮食企业获得贷款后，缺乏还贷的压力和激励，很容易产生大量不良贷款。

6.1.2　国有商业金融在农村金融领域内的功能日趋弱化

国有独资商业银行等正规金融机构在进行商业化改革之前，在农村实际上是执行国家宏观经济政策，作为财政政策的一个补充手段存在的。在进行商业化改革之后，由于其商业银行本身的盈利需求，便本能地从农村金融市场撤退。这里不仅因为农村的贷款相对于国有大型工业企业来说成本高、风险大，关键是正式金融机构作为外生性国有金融机构，向国有大型企业提供信贷才是其理性的选择。这种情况下，正规的金融机构实际上成为了私人贷方与国有借方之间输送资金的管道，私人借方的需求几乎被排斥。据中国银监会统计，截至2009年6月末，在20个省（区、市）仍有2 945个乡镇没有银行业金融机构营业网点，其中有708个乡镇没有任何金融服务，占金融机构空白乡镇总数的24%。

国有银行对非国有部门的贷款逐年下降，20世纪90年代末，非国有部门的贷款比重从两位数降到了一位数。至2002年，这一比重仅为5.4%。而非国有经济产出占总产出的比重历经十年，已由90年代初的50%左右，上升到75%（张杰，2003）。非国有经济所获得的资金支持程度与它对整个国民经济的贡献率是严重不成比例的。

6.1.3　农村信用社不能满足农村经济发展的需要

农村信用合作社虽然在性质上没有被列入国有银行，按照合作制的本质应体现为“三农服务”的原则，做到农民自愿入社、实行民主管理，不以盈利为目标，实现互助共济。但是中国的农村信用社实际上掌握在地方行政部门手中，是依靠行政力量撮合成立的，实际为农民服务的性质被弱化了。

6.2　非正规金融有待有效引导和规范

由于正规金融机构逐渐撤出了农村金融市场，农村经济发展所需要的资金异常短缺，靠非正式金融活动就自发产生了。尤其是在商品经济特别是民营经济比较活跃的江浙及东南沿海地区出现了针对企业或个人生产经营行为的有组织的金融活动。在这些地区，非正式金融活动占据了很大的市场份额。

一方面农村非正规金融对搞活农村金融市场、扩大农村个私经济资金来源、促进农村经济发展等方面起到了积极作用，另一方面也容易引发下列一些问题：第一，民间借贷风险大，风险管理能力差，债务纠纷频发。民间借贷缺乏必要的管理和适用的法律法规支持，是一种自发的、盲目的、分散的信用活动，多是一种较为落后的、原始的信用方式，属私人交易行为，几乎没有必要的风险管控措施。同时，民间借贷具有为追求高盈利而冒险或投机的一面，甚至有的民间贷款被用于赌博、吸毒、贩毒、走私等严重违法活动，一旦发生欠债不还，有的通过暴力威胁甚至一些带有黑社会性质的追债公司收回借款，严重扰乱金融秩序和危害社会稳定。第二，民间借贷利率较高，比银行同期利率高几倍，从而加重了个人和企业负担。第三，影响国家利率政策的实施。正规金融机构利率由国家确定，而民间借贷利率是借贷双方根据资金的市场供求关系自发制定的，利率水平通常远比银行同期利率高，影响了国家利率政策的全面贯彻实施。

6.3　从交易视角看农村金融供求矛盾

6.3.1　交易视角下的农村金融内涵

由于在中国农村，与经典理论所描述的不同，农村金融与农村经济关系事实上有其特殊性，我们需要从交易视角来看“农村金融”的概念。在交易视角下，本书按照新制度经济学的分析框架下的逻辑层次来定义“农村金融”：①农村金融是伴随农村经济发展形成的，是分工和交换的产物，本质是一种交易行为。产权主体的不同是其存在的前提，风险能力和经营能力分布的不对称性，所有权的分散性与生产集中性的矛盾是其存在的基础。②农村金融的本质特征是信用交易，该类型的交易是以信息获取与分析为前置条件，建立在双方信任基础上。农村金融交易实质上是交易主体通过权衡潜在的收益/风险（考虑交易成本在内）

比，进行交易并试图使得收益最大化的行为。在此过程中双方建立的信誉，可以促进甚至放大双方的信任基础，这样就可以使得交易成本有效降低，反过来对这种信用交易的扩张有积极影响。而且，交易双方的不同内外部因素影响，诸如信息获取能力、风险可承受程度以及所受约束的有效性等，直接影响了中国农村金融交易的成败，进而决定中国农村金融发展。③在中国农村金融交易依赖双方信用维系的情况下，自然使得信用处于很关键的地位，是中国农村经济健康发展的关键，农村金融成为现代农村经济的核心。④中国农村金融交易规模对中国农村经济活动规模有很强的依赖关系，表现出显著的规模经济效应。农村金融交易成本并不由交易规模决定，而主要是由交易次数以及交易双方的信息对称度决定。产权主体对“规模收益”的追求以及农村经济“规模收益”的存在是农村金融存在和发展的内在动力。中国农村金融机构存在的价值在于其多大程度上有效发挥农村金融功能，而不是网点的数量规模、现代化的程度以及表现形式与组织方式是否先进等。⑤农村金融机构是专业化的农村金融供给主体，是依靠专门化知识、能力和信誉，提供中介服务的组织，其出现和发展是社会分工的结果，只有在中国农村经济发展到一定程度、对农村金融产品和服务有了一定需求时才能实现。换句话说，只要一定规模的农村金融交易的条件具备了，市场自动会引导出相应的农村金融机构。相反，如果不顾上述条件是否出现的客观情况，人为地强行引入新类型的金融机构到农村经济体系中，很可能取得与期望相反的效果：农村金融交易的规模很难扩大，现有的金融机构可能会陷入运转困境。

中国农村金融的本质属性并不是“农村资金融通”，农村金融实质上是信用关系制度化后形成的，是各个产权主体基于一系列制度约束条件，使用信用工具将分散的资金集中起来有偿使用的活动，目的是为了实现规模经济效应。农村金融系统作为一个体系，除了包括资金的流出流入方、农村金融机构与市场，及其对应的监管机构这些硬件外，还包括一系列制度和机制这样的软件。它不仅通过诸如提供流动性支持等各种手段来高效率地配置中国农村资金资源，还通过诸如套期保值等专业化服务来极大地降低交易成本、分散和降低风险，与国家经济金融大系统中的其他部分是平等交换的关系。

中国当前农村金融供给不足的问题，其实质是由于农村金融交易条件不足而导致的农村金融交易规模不足的问题。因此，农村金融发展的关键所在，不是机构的简单增设，而是改善农村金融交易条件。因为，金融机构网点数量的多少与交易的规模没有必然存在的正相关性。只有为农村金融交易创造更有利的环境条件，才是解决问题的关键所在。

从交易视角来看，农村金融是农村经济发展的功能实现形式，前者内生于后者。因而，前者的概念内涵在功能意义上表现为：①农村金融的内涵既要从理论层面上来理解，比如农村金融状况和农村经济发展目标，又要从现实层面上来理解，比如农村经济发展的现实状态和实际需求等。理论上，农村金融应当包括储蓄、信贷等在内的一系列金融产品，以及为之服务的金融组织体系。现实中，农村金融为了适应农村经济发展不断提出新需求，其自身特点是不断动态演化的。②农村金融对农村经济发展具有促进作用。其功能与农村经济发展对金融需求相对应。只有那些为适应农村经济发展的金融交易需求，在分工和交换体系中逐渐发展起来的金融机构、金融市场和组织体系才属于农村金融的范畴。农村金融不能狭义认定为农业生产提供信贷服务的农业金融，或局限在农业和农村领域为自身需要而开展业务活动。农村金融的有效性在于其功能的发挥程度高低，而不在于其机构的多少。也就是说，只有通过某种形式提供农村居民所需的金融服务才是问题的根本所在，具体的金融机构形式并不是衡量的主要标准。

6.3.2 基于制度角度对农村金融发展的解释

农村金融发展既是金融业在农村经济领域的延伸，也是经济发展在农村金融中的体现。理解“农村金融发展”内涵，在把握“量”的同时，要把握其包含的金融制度、金融交易模式或交易机制，并应厘清金融机制、金融制度的发展与演变。本书不但厘清了上述概念内涵，还认为“农村金融发展”是农村金融交易的扩张，这个扩张不但表现在交易量及覆盖范围的扩大，以及金融品种工具的推陈出新，更表现为交易主体对交易的规模收益/风险比权衡后进行的抉择。只有当农村金融交易的规模净收益为正时，农村金融交易才会扩张。换句话说，农村金融发展是依赖于规模净收益而存在的，当规模净收益为零时农村金融发展自然就会停滞。因而，风险损失和交易成本是农村金融发展的根本制约因素，规模经济收益是农村金融发展的动力与促进因素。要保证农村金融发展，根本就是设法把规模经济的收益提高，同时把风险损失与交易成本降低。

农村金融交易的每次扩张，为了确保相互的信任程度，交易双方都要对一些风险事项重新评估，比如对方信息的准确性、交易过程的不确定性等，这样就使得交易成本大为增加。为了能使交易成本降低，农村金融交易中的相互信任关系，从交易参与方逐渐转移到作为交易对象的金融工具，这就使得农村金融工具不断推陈出新。为了应对不断创新、并越来越专业化和复杂化的农村新金融工具，需要依靠专业的农村金融中介机构来进行交易。由此，信任关系又从农村金融工具转移到了农村金融中介机构上，对这些机构的声誉及其专业化水平的信任，促成了农村金融交易中的委托代理关系形成。委托代理的效率直接决定了交易成本的高低以及农村金融交易规模净收益的高低，进而决定了农村金融交易扩张的成败。所以监督和强化委托代理中的信任关系，就成了持续维持农村金融交易扩张的关键所在。监督可以包括自我监督、双向监督和第三方监督三种。用于实施农村金融监管的专门监管机构便应运而生，这样中国农村金融便脱离了原始意义上的金融活动范畴，发展成为现代化的农村金融体系。

通过分析农村金融的发展过程可以发现，农村实体经济中的规模经济收益成为农村金融发展的前提条件，由信任产生的信用、由信用进一步形成的信誉是农村金融发展的根本所在。通过制度的完善来降低农村金融交易风险与成本，这样才能保证农村金融的发展。

在把握“农村金融发展”制度属性的基础上，我们进一步结合各个方面，诸如其功能、特征以及外部宏观环境等，从功能意义上来理解这个概念。具体来讲：①来自政府的有效干预能为农村金融发展提供良好的外部条件。正规金融供给乏力、而非正规金融又有过高的成本，这种情形下农村金融交易扩张受到限制，市场机制开始失灵。农村经济发展和农村金融发展都会在低水平上徘徊，相互制约形成恶性循环。在中国农村金融发展的早期，政府干预对农村金融的迅速发展是十分有效的。但任何事物的发展都有其自身的内在逻辑，农村金融发展也是如此。如果政府干预过度，使农村金融发展因缺少有效的市场制度而缺乏活力，反而越来越阻碍着农村金融发展。因而，政府的干预行为必须是适度、有效的，这样才能对农村金融发展起到正面作用。②农村金融发展的最终目标是农村经济的发展，它是农村经济发展的关键。农村金融发展就是要通过为农村个私经济提供足够资金，减少其借贷成本，改善其生产和生活条件来促进农业生产的发展；通过散存和降低存在于生产活动各个环节中的风险，提高农村经济活动的可预见性，使得农村经济得以健康发展。③农村金融发展必须和农村经济发展程度相适应。在中国农村金融发展中，主要用户对象是规模不大的农村中小企业，甚至是很分散的小农个体，这样交易就呈现规模小而次数频繁的特点，并且往往担保和抵押行使不规范，持续的信用基础很难建立。同时，农民的文化素质往往不高，加上农业生产本身的一些特点，就要求金融服务不能过于冗长复杂，应该简便灵活，可以及时生效。另外加上农村经济产业一般周期长、风险难以预料（因为除了市场风险外，还有自然风险的影响很大）并且效益低下，使农村金融交易不但面临的风险高，并且成本高、资金使用效率低。现代化的正规金融已形成的现有规避风险的制度和方法，对农村金融交易不能完全适用，甚至很大程度上产生了阻碍作用。因而，农村金融发展并不是生搬硬套已有金融现代化的经验，而是有其自身的特征以能适应农村经济的特点。④宏观制度环境可以对农村金融发展施加巨大的影响。农村金融发展无法脱离经济发展战略及其制度措施，是受到它们限制的。而上述战略和措施又取决于经济发展目标和宏观环境。在早期工业化的时候，农村产业和经济是工业化所需资金的唯一来源，在大的战略上农村金融发展被定位于工业化的从属与被支配地位。这样看来，可以说工业化过程中的农村金融发展外生于农村经济发展，前者对后者有基础性的依赖，而与此同时也必然存在内生于农村经济的农村金融，这样就自然而然地形成了二元金融结构。需要服务于工业化战略的农村正规金融，其发展目标当然就和农村经济不一致，农村经济内生出来的非正规金融就自发产生了，农村正规金融和非正规金融也是二元特性的一个表现。此外，政府在金融发展问题上的审慎态度，也通过政策制度安排影响着农村金融发展。

中国农村金融当前阶段存在的矛盾是同时表现在需求和供给双方的。正规金融的供给体现在以下两点：一是农村金融供给的总量根本无法满足资金需求，二是农村金融供给上存在结构性失衡，即农村正规金融机构的有效供给不足和农村个私经济对资金的需求存在矛盾。

（1）农村金融供给总量不足，资金短缺

首先，由于市场化改革的原因，国有商业银行在县域内的营业机构和信贷规模出现大幅萎缩，甚至有的机构只存不贷，抽取了大量农村资金。

其次，农村正规金融机构受利益驱动，信贷资金倾向于一些利润较高的工业行业和产业，转移、支持农村个私经济发展的信贷数量非常有限。

再次，央行制定的利率政策中，在相当长的一个时期内（1986 年至 2007 年），邮政储蓄机构可以获得远高于银行存款准备金利率的转存利率，使得它们需承担任何风险，能够获得稳定的利差，相当于从政策上激励它们从农村进行资金的抽取。

其实农村地区资金短缺的情况，除了上述正规金融机构的原因外，也与农村农户的自身状况有关。因为农户和农村企业的收入水平不高，也没有有效的担保手段，正规金融机构出于防范风险的目的，对农户和农村企业提高贷款门槛。同时对以盈利为宗旨的正规金融机构而言，更愿意贷款给城市工业等高利润低风险的部门，对农业这样面临多重高风险的弱质部门，贷款意愿是不强的。

（2）农村金融供给的结构性失衡

目前农村正规金融机构在金融机构布局有限性、涉农业务贷款不足等方面严重抑制了农户潜在的金融需求满足程度。

①农村金融机构布局的萎缩

因为中国农村经济资金的需求量小且零散，并且其产业面临着多重高风险、高成本与较低的收益，对正规金融企业来说提供贷款的收益/风险比不佳，故而上述机构的网点和金融业务在中国农村不断萎缩，无法有效地满足中国农村的金融服务需求。到现在面向广大农村的正规金融机构只剩农业银行、邮政储蓄银行和农村信用社了。从一贯的利润最大化原则出发，农业银行和农村信用社在农村地区从网点人员规模到贷款数量上都逐步降低，只有邮政储蓄银行的网点覆盖率比较高，然而贷款数量也是远远低于存款数量。

②农村金融信贷发放抑制

为了防范中国农村产业面临的多重风险造成过高的贷款损失风险，农村正规金融机构往往将贷款审批权上收，使得县级以下网点只存不贷，变成实质上的“存款吸纳”机器。除此以外，由于长期低利率政策的实行，使得农村金融市场的真实价格遭到扭曲，普通农户的信贷受到明显抑制。

③农村金融业务抑制

随着农村经济的发展，农村金融机构缺乏创新，服务落后，与农村个私经济对金融服务的多样化的需求矛盾日渐加深。主要表现如下：一是信贷准入门槛过高，使得广大的农村中小企业及个体农户因各种限制条件无法通过评级要求，难以获得所需资金。二是农户贷款缺乏有效的抵押担保手段，大批的农村中小企业和个体农户因抵押担保困难而无法获得贷款。三是贷款期限与农业产业固有的周期不适应，农业产业的一个特点就是周期变动性大，这种多变性很难适应金融机构提供贷款的还款期限，很难获得产业发展所需的资金。

7 农村金融市场发展的国际经验比较与借鉴

所谓“他山之石，可以攻玉”。为深入研究中国农村金融市场的成长机制与模式，有必要借鉴国际经验，考察国外农村金融市场发展状况，进而总结其发展的经验教训。因此，本章拟通过对国外农村金融市场发展的比较，寻求国际经验对中国农村金融市场发展的启示，以便借鉴共有的规律和政策，为中国农村金融市场发展提供有针对性的政策建议。

7.1 国外农村金融市场发展的概况

根据我们的研究，可供参照的国外农村金融市场发展模式众多，不仅美、英、德、法、加、澳、日等发达国家都有较为成熟的模式堪称典范，即使印度、韩国、孟加拉等东南亚发展中国家也有特色鲜明的模式可供参详。限于篇幅，这里我们只分析美国、法国、德国、日本和印度五国的情况。

7.1.1 市场导向型的农村金融市场发展模式

美国、法国和德国都是典型的市场导向型的农村金融发展模式，即在农村金融市场发展中，不管是合作金融，还是政策金融的利用，政府都十分注重保护市场机制的作用，在市场机制主导下建立农村金融市场的发展，提高其资源配置效率。比如在美国，农村金融市场的主打是商业金融，商业信贷几乎占60%以上的比重。并且作为非商业金融的部分政策金融和合作金融，其很大一部分资金来源是靠有价证券的发行。美国农民还自发组织了农业互助合作信贷组织，仅在其上层引入政府干预的因素。上层机构主要利用国家信用募集资金，为基层机构服务；基层机构则直接为农户服务。可见，这一机构最终的控制权在农户手中。当发展到一定规模后，政府机构会转让股权给基层农户。比如在法国，其农村合作金融是半官半民性质的，市场的作用也很突出。最后说德国，那里的信用合作官方色彩很少，基本由市场主导一切。总之，在美、德、法三国，由于市场高度发达，且有限制政府的传统，农村金融市场的发展都是市场主导型模式。在 20 世纪 30 年代发生经济大危机时，市场一度几乎失灵，美国十分注重动用私营部门的力量，而其政府干预则十分谨慎，且高度警惕政府干预的负面影响，这一原则自然也反映在农村金融市场的发展中。

（1）美国农村金融市场发展简介

美国是全球最大的粮食生产国和出口国，而其农业人口只占 3%，取得这样的成就，其高度发达的农村金融体制和市场是功不可没的。长期以来美国一直要面对国内的粮食生产过剩现象，为保护粮农利益不受侵害、保证国内粮食生产能力不受影响，美国在粮食压库，销路不佳时，就大搞粮食出口，组织农民休耕，由政府出资补贴农民，且通过农村金融市场及其制度对农业进行间接补贴。美国农村的金融市场有以下主要发展特征：

①美国农村金融市场主体体系多元化，呈现复合型

美国农村金融市场的现实格局是商业金融、合作金融、政策金融并存，即以农场主合作金融的农业信贷系统为主导，以政府农贷机构为辅助，以商业金融机构和个人信贷为基础。先看农村商业金融体系，主要包括商业银行和保险公司。根据于海（2003）的分析，美国绝大多数商业银行经营农贷业务，如有近 5 000 家商业银行驻扎小城镇，占这些银行贷款总额的 50% 以上都是农业贷款。要在农村有效广泛地开展银行业务，机构网点必须达到一定数量，做到对农村地区的有效覆盖，然后还需要经常性地跟农民近距离接触，这样才能及时掌握第一手资料，对他们的信用状况做到很了解。与中国个体农户多且分散的情况不同，美国农户的经营规模大多已经很可观，其财产量也足以面对商业银行的贷款审核。除了商业银行外，农业保险也是农村金融体系中的重要环节。从 1938 年《联邦农作物保险法》颁布开始，美国逐渐形成了较完善的农作物保险制度，政府的支持则体现在对商业保险公司予以经营管理费和保险费补贴等方面。具体来说有三方面，最上层的是联邦农作物保险公司，

该公司负责政策制定、各项计划的组织管理等大的方面，不参与直接的业务；其次是一些私营保险公司，这些公司需要具备经营农险的资格，负责所有的具体业务；最下一级就是直接面对农户做业务的农场查勘检损人员等。美国对农业实行的是保险补贴政策，这些补贴可以分为两类：保费补贴和业务费用补贴。对于联邦作物保险公司来说，各项保险业务的推广及业务知识的普及是需要成本的，这些费用会由政府来承担。再看类似中国农村合作信用社的农村合作金融体系，主要由联邦土地银行、中期信用银行、合作社银行三大系统组成，由农业信贷管理局（NCUA）统一领导。与中国的农村金融机构不同，美国合作信用社并非是单纯追求利润最大化的机构，他们致力于金融知识的普及，帮助工薪阶层和低收入家庭，在无力获得商业银行正规金融服务的情况下，增强风险意识和理财能力，得以提高收入水平（闫永夫，2007）。因此它们吸纳社员入股，吸收社会存款，宗旨在于互助创作精神。这些基层信用社并非充当单纯的“存款吸纳器”，而是把剩余资金存入上级部门来充当储蓄性股份，而上一级的州信用社则用这些资金进行投资活动，或贷款给有额外需求的其他信用社。而如果州信用社觉得上述活动风险过高，也可以将剩余资金进一步存放到中央信用社，这样就拥有了中央信用社社员的身份。中央信用社可以扮演类似商业银行的角色，能够进入全国票据清算系统，这样一来，下级各信用社也能够利用资金清算和调控系统。再来看美国根据《农业信贷法》建立的农村政策性金融体系。该体系由小企业管理局、农民家计局等部门组成，主要办理一些利率低、期限长、很少有抵押担保的贷款，都是一些基础性的公共建设需要贷款，例如农村基础设施建设贷款、一些灾害贷款与水污染贷款等。总而言之，美国的农村金融市场，多元化的金融组织在竞争中生存，在分工中互补。可稍作说明的是，分工不是从来就有的，而是在连续不断的竞争过程中动态形成的。比如，合作农业信贷系统的建立，打破了商业金融机构在该领域的垄断地位。其后，以联邦土地银行为代表的专业农业信贷机构后来居上，这些机构得到了政府支持，又是作为借款人共有的。而作为老牌的金融机构，商业银行也不甘示弱，一直在中短期农贷领域占据领先地位。除了这些机构之外的个人与经销商的贷款，呈现持续下降态势，不过其方便灵活的特点，仍决定了是极短期农贷领域的领先者。除了这些商业手段的贷款之外，还有一些政府直接办理的农贷，不过往往是推行政府农业政策的手段，不是为了竞争，根据需要调整，因此相对处于辅助地位。

②美国农村金融市场的发展有充足的政府资金与政策支持

美国农业尽管现代化水平很高，不过，并没有完全摆脱农业生产一些先天固有的缺陷。凡此种种无疑会影响农村金融市场的需求和供给，同时决定了它的运作离不开政府大力支持。在农村信贷的发展早期，美国为促进其发展，政府拨下大量款项。例如美国联邦土地银行的最初股金80%都是政府拨款。另外，政府农贷机构的信贷资金，也几乎都来自财政拨款。此外，为鼓励信用社发展，美国政府在《联邦信用法案》中，非常明确地规定了信用社的非盈利性，它是不以盈利为目的的互助合作组织，对其收入免征联邦收入所得税（包括社员所获红利也免征个人利息所得税），收入也不纳入利润，这样的鼓励政策有效地推动了农村合作信用组织的发展。

③农村金融市场在资金筹集方面从发达的城市金融市场获得巨大支持

城市金融市场与农村金融市场同属整个金融体系的重要组成部分，二者关系十分密切，彼此之间不乏互助，而美国的城市金融市场特别发达，能给予农村金融市场的发展以很大支持。譬如，美国农贷体系中的一支重要力量就是发达的城市商业银行、保险公司，这支力量业已成为农村金融市场的重要主体。又如，农村金融市场交易的信贷资金，也日益依赖在城市的金融市场大量发行债券融资。可见，美国农村金融市场的发展十分依赖城市金融市场，其城乡金融市场呈现高度融合和一体化发展的特征。

（2）法国农村金融市场发展简介

作为西欧最大的农业生产国，法国的小麦、玉米等主要粮食作物产量很高，位列世界前五位。法国农业人口约占总人口的3.6%，而其农业生产产值约占国内生产总值的3.9%。农村金融市场的发展，在法国历史悠久，这一市场的发展为该国农业和农村经济的发展都贡献卓著。试将法国农村金融市场的发展简介如下：

①法国的农村合作金融很发达

法国的农村金融体系主体由农业信贷银行、互助信贷联合银行、土地信贷银行和大众银行等共同组成。法国政府通过这些官方或非官方的银行推行农村经济政策和财政金融政策。这些银行的规模有的很大，譬如法国农业信贷银行堪称法国最大的银行之一，即使放到世界大银行名单中，排名也很靠前。法国在农村合作金融方面取得重大成就，离不开农村商品经济的发展。这一发展推动了农村经济的社会化、专业化，从而加强了农业内部及其与相关行业之间的经济往来，这些经济联系往来都离不开农村金融市场。在市场经济下的中小农场，因为资金不雄厚、经济实力偏弱，在市场竞争中处于很不利的地位，这就促使农村信用合作机构应需而生。总之，农村信用合作，即使在农村经济较发达的法国，也是农村金融市场中最重要的金融组织。

②法国农业信贷银行采取上官下民的管理体制

法国农业信贷银行总行、省农业信贷互助银行和地方农业信贷互助银行三个层次共同组成法国农业信贷银行体系的基本组织结构，这种结构的各层次在法律上彼此独立，有着上官下民、半官半民、官办为主等特点，堪称互助合作银行体制的典型，具有独特的多层次性。这一体系无疑建基于民间信用合作组织，并接受政府支持，依据由下而上的原则，一步一步建立起来。具体地说，会计独立的官方金融机构法国农业信贷银行总行才是最高管理机构，它只有两个国家级部门的领导——国家农业部和财政部，而下面的各级机构，从省农业信贷互助银行、到地方农业信贷互助银行，都算不上官方机构，只是群众性的合作组织。

③法国农业信贷银行的业务经营较为灵活

法国农业信贷银行除了承担农村储蓄银行的职责外，同时也扮演中长期信贷银行的角色。从早期到现在，它度过了三个大的阶段，每个阶段的信贷资金来源都不相同：第一阶段是 1937 年以前，当时的资金来源是股金，此外还有法兰西银行依据 1897 年国民议会法令赠予的 4 000 万法郎；1937 ~ 1942 年是第二阶段，这也是大力发展存款业务的阶段，继续扩大股金之余，该行运用存款方法吸收农村闲散资金，且逐步使其比例占到资金来源的 50%；1942 年以后是发行证券的第三阶段，这期间有中央银行作担保，该行面向农村居民发行 3 年期和 5 年期债券，后来又发行 10 年期和 15 年期债券等。由此，股金、存款和债券成为法国农业信贷银行的三条主要资金来源渠道。存款在其中占据首要地位。至于贷款投放方面，大体方向上有四个去处：一是农业生产贷款，诸如基建设备贷款以及购地贷款等，期限从 10 年到 40 年不等，甚至可达 50 年；二是农产品和粮食加工业贷款；三是住宅贷款；四是中小城市中小企业贷款以及城乡居民个人生活贷款。

④法国农村金融市场发展得到国家财政扶持

“二战”后法国政府对农业投资开始正式重视起来，通过很多惠农政策等从国家财政预算中给予大力支持，不但加大了基础设施投资建设的力度，还从社会福利方面对农村进行支持，比如农民的免费医疗政策。这样的大幅政策支持，收到了很好的效果，农村经济的外部环境得到很好的改善，农村金融发展自然有了良好的基础。法国政府还使用低利率政策对一些满足一定标准的贷款项目进行优惠扶持，为了激励资金投向农业产业的积极性，法国政府甚至直接发放贴息贷款给投资农业的投资者，并且如果他们的贷款利率与市场利率存在利差，政府也会出资补贴。享受到政府贴息的就是法国农业信贷银行，该行对国家政策或国家发展规划的项目一向不遗余力地支持，赢得了为国家政策服务的声誉。

(3) 德国农村金融市场发展简介

德国是欧洲国家中仅次于法国和意大利的第三大农产品生产国，该国农业用地约占其国土面积的一半。随着工业化进程的推进，德国的全日制农业人口逐年下降，已由 1960 年的 240 万人降至 2002 年的不足 60 万人。但其农业生产能力不可小觑，占据着世界第四大农产品出口国的地位。从 20 世纪 80 年代以来，德国的农业贷款极速增长，几乎所有银行都加入到了对支持农村市场信贷的大军中。具体地说，德国农村金融市场发展概况如下：

①德国农村金融组织体系以合作金融为主，其他金融机构为辅

有三个部分共同构成德国农村金融市场的组织体系：第一是合作金融体系，又分为三个层次，即中央合作银行、区域合作银行和地方性合作银行；第二是其他的涉农银行机构，它们大多属于政策性金融机构，协助合作银行体系是其宗旨；第三是审计机构，对合作银行进行审计的重任落在由联邦金融监管局委托的审计协会。纵览德国农村金融市场，那里很少有专营农业金融的商业银行，显见最重要的农业金融机构就是合作银行和信用社，农业经营所需短期信贷的 60% 都由合作银行或信用社来提供。

②德国合作银行为一完整的合作金融组织体系

德国的信用合作组织已有 200 年的历史，德国是最早建立该类组织

的国家。前面我们已经提到，德国合作银行体系的最高层是中央合作银行，三个区域合作银行位于体系的中间，最下面是成千上万的各地区银行及其分支机构，通过自下而上逐级参股的手段构建了这种“金字塔”式的体系结构，最终构成合作组织体系的完善形态，从下到上依次为信用社、联合社、地区合作银行，最高的中央合作银行。这些各级机构之间是下级向上级入股、上级为下级服务的关系，中央合作银行对地方合作银行提供调剂资金融通、支持结算等服务，还提供证券、保险等金融服务。而区域合作银行则为地方性合作银行提供结算服务，且支持其开展证券、国际业务等。至于地方性合作银行的规模相对较小，一般只有160人左右，为1到3个村服务。而信用合作社也不只有存贷款，还有一些其他的购销业务。它们是带有公益性质的机构组织，不以盈利为宗旨，不单纯追求利润最大化，主要为农民提供社员服务，另外也适度照顾农村商人、手工业者和城市工薪阶层等。

③信用行业自律组织向会员提供信息服务

德国合作银行体系的行业自律组织称为全国信用合作联盟，其会员包括地方合作银行、区域合作银行、中央合作银行和一些专门的合作金融公司。这些会员按规定向联盟缴纳一定数额会费，而联盟则为会员提供信息服务，并帮助会员与政府各部门进行协调和沟通，处理对外宣传、公共关系等事物。另外该联盟还与其他联盟共同成立了全国合作联合会，用于对相关机构和人员进行审计或培训。

④德国政府在财政上对农村金融市场提供政策性支持

德国政府从1954年起就对农村信贷实行利息补贴政策，其补贴范围包括所有种养业、农产品加工、土地改良与归整、农业结构调整、环境保护和新企业创业等。但是对贷款项目的周期有限制，原则上不少于8年，若少于4年一般不予补贴，可见德国政府对农业的扶持着眼长远，而不是短期。至于补贴资金来源则是联邦政府财政或州政府财政，或者两者财政共同承担。具体地说，一是国家政策性金融机构如土地改良银行等提供长期低息贷款；二是从利率政策上着手，既对农业贷款的最高利率进行限制，又对参与农业贷款的金融机构给予利息补贴优惠，两种手段双管齐下；三是通过公共性质的州立银行发放优惠贷款。这些机构主要负责储蓄银行系统内的流动性监管以及各种专项资金的对各类公共项目的使用等。

7.1.2 政府导向型的农村金融市场发展模式

如果政府干预力度占据了主导地位，使得市场机制本身的作用降到很低，农村金融市场的发展都打上鲜明的政府烙印，不断落实政府关于农村经济发展的规划，这种农村金融发展模式一般称为政府导向型的农村金融发展模式。必须指出的是，该模式并不排除市场机制的作用。印度和日本就同属典型的政府导向型的农业金融市场发展模式。作为小农经济大国的日本，由于农业自给能力很差，日本政府对于扶持农村金融市场的发展十分重视，以期最终惠及本国农业的发展。而农业人口约占70%的印度，毫无疑问，在该国国民经济发展中农业发展地位重大，直接影响国家稳定，所以印度政府始终大力支持农村金融市场的发展。所以说印度和日本政府对农村金融市场的发展支持力度极高。我们甚至可以说，日本的农村金融市场并非自然生成，而是日本政府大力干预的结果。典型例证就是该国农业政策性金融机构过度依赖"财政投融资"机制，其政府对合作金融组织通过高财政补贴加以大力支持。再看印度，该国的农村金融市场同样是在政府支持下建立起来的。印度政府为便于该国农村金融市场主体再融资，且为农业提供保险，除了对农村金融机构提供大量财政补贴外，还成立了政策性银行以及保险公司。有别于日本的是，印度农村金融市场的发展也十分倚重市场机制，该国非正规金融在农村地区所占比重很大，在农村金融市场融资中，许多商业银行同样居功至伟，大约2/3的农村正式信贷出于它们的贡献。

(1) 日本农村金融市场发展简介

日本的农业人口约占总人口的3.4%，其农业生产总产值约占GDP的1.1%。可以说，农业在日本属弱质产业，首先表现为粮食自给能力低，虽然大米和鸡蛋尚能自给，而玉米、大豆和牛肉等诸多农产品则依赖进口。举一个数据可说明问题严重性，日本农产品进口贸易额占世界农产品贸易总额的比例高达1/10。这是因为日本自耕农生产规模很小，对运用新技术提高生产效益颇为不便。日本的农业协同组织系统成立于1947年，以信用、供销、保险和经营指导等方式开展各种业务，为日本农业和农村的发展贡献卓著。而日本的合作金融依附农业协同组织，现已成为该国农村金融市场的主力，在各项支农贷款中，合作金融的贷款总额占到90%以上。下面对日本农村金融市场的发展略作介绍：

①日本的农村金融组织体系十分健全

在第二次世界大战以后，日本逐步建立和完善了农村金融体系。该体系属于典型的政府导向性合作金融模式，以合作金融为主，以政府金融为辅。二者可区分如下：前者是日本农业协同组合办理的信用事业，而后者是由政府财政拨款，补贴农业贷款利息，或提供低利息贷款。

②日本的农村合作金融体系以及农业合作组织

两者是依附与被依附关系，合作金融组织既是农协的子系统，又具有独立融资功能。基层农协信用组织、都道府县信用农业协同联合会和中央农林渔业中央金库共同组成农协的信用机构。不管渔业、林业还是农业，农户、农协、信农联和最后的农林中央金库，从下到上是依次入股参与的方式。上述各级组织之间没有行政上的隶属关系，各自独立核算自主经营，只是上一级组织负责管理和服务。

③日本以政府金融补充农村合作金融

与中国农村的情况类似，日本的农业生产者也多为分散的个体农户，各自的资金需求上不了规模。加上农业产业先天固有的周期长、季节性强、很容易受到自然灾害威胁。对一般金融机构而言，这些客户绝非理想，因此向农业产业发放贷款的意愿同样不强烈。针对此种情况，日本政府建立了农林渔业金融公库这一专门机构，旨在帮助农林渔业生产者获得维持和提高生产能力的长期贷款。从金融方面说，这些贷款期限长且效率低，但可以弥补农协金融系统和商业银行贷款的不足，为农林渔业生产者提供切实帮助。

④日本政府大力扶持农村金融市场

日本政府于1967年制定了《农业信用保证、保险法》，这一法案为日本的农业信用保证和保险制度提供了法律依据，这一制度又是日本政府扶持合作金融的重要措施。日本有个专门的农业信用基金协会，任务就是专为其会员提供贷款担保。这一协会在各级行政地区都有设置，四十多个机构遍布全国。日本又建立农业信用保险协会，该协会以各地农业信用基金协会为团体会员，为团体会员代为还债事项进行保险。这一业务分为两部分，即保证保险和融资保险。最后，日本政府给予农协信贷存款利率和税收优惠，在全国范围内推行农贷利息补贴制度和农民农业保险补贴制度，这些举措，充分证实了政府的支持力度，大力促进了该国农村金融市场的发展。

(2) 印度的农村金融市场发展概况

印度的农业人口约占全国人口的70%，其农业产值占GDP的比重约为25%。作为农业大国，有60%的就业人口着落在农业。可见，印度农业对全国人口的生计关系至巨，政府对农业的发展十分重视。而在印度的农村金融市场中，正规金融渗透率还比较低，非正规金融则占据了很大比例。我们试将印度农村金融市场的发展状况简介如下：

①印度农村的金融组织体系呈现多层次性

印度的农村金融组织总体上呈现多层次性特征，其各个机构之间有分工也有合作。政府性金融机构、农村合作信贷机构和国有商业银行及私人放款者等共同构成农村金融市场的组织机构。其中，农村合作信贷机构为最主要，它向农业经营者提供各种期限的贷款。

②印度农村金融组织的运作模式

第一，印度农村复杂的政策性金融体系由国家农业和农村开发银行、地区村银行、工业信贷和投资公司等组成。农业和农村发展银行在其中处于核心地位，这家银行不仅为各项农村产业提供贷款资金，还为各级农村金融机构及其从业者提供再融资的惠及服务。地区农业银行满足信贷机构薄弱的农村地区需要，不仅向个体农户及农村产业的参与者提供生产性贷款，并且还提供消费性贷款以满足其生活保障。而工业信贷和投资公司则为中小企业提供金融服务，另针对固定资产投资，该公司提供中长期贷款投资和租赁。第二，印度有两类信贷机构属合作性质：一类以信贷合作社为代表，专门提供短、中期贷款；另一类以土地开发银行为代表，则主要办理长期信贷业务。除此之外，印度农业保险根据实际情况，灵活开展业务，不全实行自愿原则，也适当地实行强制保险政策，接受贷款的农户必须参加有些农业保险，而另外一些保险是可选的，由农户自行决定是否参加。

③印度农村金融市场的发展获得政府大力支持

印度作为农业大国，有着众多的农村人口，农村经济发展水平对国民经济有全局性影响。因此，农民、农村、农业问题始终是印度政府关注的重点问题。政府在这方面推行了许多优惠政策，其中有利于农村金融市场发展的部分十分可观。这里选几条加以说明：第一，成立政策性银行和保险机构；第二，对农业投放大量补贴；第三，向农民提供低息贷款。此外，印度政府关心农民的产业升级问题，还创立地区农村银行，面向农村金融机构发放利率补贴。又以扶贫项目名义，向农村弱势群体开展小额信贷服务。

7.1.3 对国外农村金融市场发展模式和制度选择的评述

上文对美国、法国、德国、日本和印度诸国进行了分部考察，我们可以看到，政府与市场的双重作用，贯穿于农村金融市场成长的始终。区别仅在于法国、美国和德国三个国家中，主要是靠市场机制的作用，政府干预只是辅助；而在日本和印度两个国家，政府机制的主导作用相较市场机制的主导作用又远为重要。有一点毋庸置疑，就是现实中并不存在纯粹依赖市场机制，或纯粹依赖政府扶持的农村金融市场的发展模式。其实不论是市场主导的模式还是政府主导的模式，其存在都是有客观原因的，与各自国家本身的经济特点与国情有关。究竟应该选择哪种发展模式，没有一成不变的固定套路，要根据每个国家自身的现实状况来决定。在农村金融市场发展中，只有在市场与政府之间，参照实践标准，不断协调好二者关系，才能充分发挥市场机制和政府扶持的积极作用，促进农村经济又快又好发展。

7.2 对国外农村金融市场发展特征与趋势的分析

农村金融市场的发展，无疑是农业现代化过程中的重要环节。根据上文对各国农村金融市场发展的分别考察可知，各国的具体情况除了不同的外部宏观环境条件外，它们的农业产业依然具有共同特征，因而农村金融市场的发展也就有相似的地方了。

（1）各国普遍都有职责明确、分工协作的日益健全的农村金融组织体系，以此保障农村资金相对独立运行

农业生产本身固有的一些特点，决定了其对资金的需求额度小、多样化且零散，导致传统的金融机构很难满足农业贷款的需求。农村金融市场的这种特色需求呼唤政策型、合作型和商业型等类型机构的全面介入。在前文的考察中，有属于发达国家的美国、德国、日本和法国，也

有属于发展中国家的印度，这些国家基本都已建立了立体化多层次的农村金融组织体系，这些正规农村金融机构与民间的非正式金融一同来满足农村金融的供给。政策金融与合作金融、商业金融相比，承担着不同的分工职责，前者主要提供长期低息贷款，后者提供的贷款主要是中期和短期的。至于民间的非正式金融也在解决农民资金余缺等方面起着调剂和补充作用。不过，无论哪一个国家的农村金融市场组织机构都是复合的而不是单一的。实际上，单一的商业金融或政策金融，又或合作金融，都难以铸就三维互补的农村金融市场体系。各国农村金融市场体系的共同特征正是建立了分工明确、协作高效、层次分明的农村市场金融供给体系。

(2) 各国普遍都视合作金融的发展为农村金融市场培育的制度基石

无论是组织个体农民、工商户或中小企业发展经济，还是参与市场竞争，合作经济都是有效的组织形式，这一点是被许多发达国家的实践证明了的。中小企业和个体经营在现代经济活动中比例极高，这也极大地提高了为其服务的合作经济组织的生存能力。对上述各国实行的不同制度加以比较，发现以下三个方面的共同特点：①建立合作金融组织体系的方式很相近。虽然各国的发展路径各有不同，但是合作金融组织一般都采取多级法人制度，各级都具备独立法人资格，有自主经营权。每级成员入股每级组织，控股制度自下而上，最终形成一个体现合作经济特征的独立组织体系。此外，所述各国都把建立基层信用社的工作放在最前，而后建立各区域性的联合组织或合作银行，至于中央级联盟或合作银行的建立则最靠后。实践表明自成体系的合作金融组织既可拓展合作金融的发展空间，也能充分体现合作制的原则和特点。②合作制贯穿改革全过程。伴随市场竞争日益加剧，各国的合作金融机构也在不断变革和发展之中，但是对合作金融的合作性质各国都很重视，无意改弦易辙。这些合作金融组织具有小而活之优势，旨在为中低收入阶层服务。总之，合作金融的原则就是合作，这种合作原则既表现在基层合作组织内部社员之间，又表现在体系内各级组织之间。在资金融通和结算、信息交流乃至人才培训等多方面，各级金融组织一方面自主经营，一方面又开展有力合作，促进了农村合作金融组织在各国的迅速发展。③国家财政在很大力度上支持合作金融组织，前述各国都有各自的优惠政策来扶持。美国的信用社是免缴联邦收入所得税的，且不用缴纳利息税和存款准备金；德国的全国信用合作联盟以及合作互助的行业自律组织十分健全，国家除向农户发放农业贷款外，还对农业进行各种信贷支持，如财政援助、税收优惠等；法国对诸多农业合作组织、农村市镇小手工业等也予以大力支持，除合作金融组织放贷和住房放贷外，国家还有各种补贴利息的惠农贷款；日本的农业结构调整，或农业现代化、规模化和产业化发展，都有政府提供补贴，有农协系统的资金支持，且政府给予债务担保、利息补贴和损失补贴等。印度政府颁布一系列扶贫政策，试图消除区域发展不平衡现象，该国储备银行也同政府部门合作以激活初级信贷社，为经营不佳甚至亏空的信贷社提供呆账、坏账补偿资金，有时也合并有经营风险的信贷社。总而言之，各国政府都很重视发展合作金融，一面制定合作金融法，一面设置专门的管理机构统筹之，实行财政税收种种优惠政策。

（3）各国政府支持农村金融市场发展的形式多种多样

农业贷款因其特殊性，有以下明显特征：季节性、非均衡性和风险性。因此，为保证农业资金供给充分，必须考虑到农业金融吸引资金的水平低，能力相对不足，故而离不开政府的高度重视和参与。从美国到日本等一系列国家的政府各显其能，竞相实行各种政策支持：一是低息提供农业信贷资金，这主要由官方的政策性农业金融机构落实；二是实行政府补贴办法，比如对商业银行涉农贷款给予利差补贴，这主要由其他信用系统供给；三是有针对性地制定出许多优惠政策，譬如在发行农贷债券对合作金融系统给予支持，另对符合相关条件的商业银行给予税收优惠待遇等，从而确保为农业提供的资金不会另作他用，且提供便利渠道支持非农资金向农业转移；四是各国政府都重视配套法律法规制度的完善，不断规范农村金融市场的交易行为。

（4）各国都对农业保险制度十分支持

前述各国的农业保险发展有如下特点，：一是历史悠久，经验和技术俱足，如法国的农作物冰雹保险始于18世纪，而美国的农作物保险历史也达百年之久；二是法律健全，譬如日本《牲畜保险法》于1929年颁布，十年后又颁布《农业保险法》，到1947年，这两个法规经修订合并成为《农业灾害补偿法》；三是专业性保险机构相继建立，无论国家专业保险公司，还是私人保险公司，其规模都越来越大，业务越办越多，全面取代原始的互保协会；四是农业保险都获得政府的政策扶持，比如在日本，一般农业保险责任的60%～70%由政府承担，20%～40%由地方承担，10%～30%由农业互助联合会承担，而且农业保险费及经营管理费都能从政府财政获得大量补贴；五是综合保险业务发展迅速，最初只有单一农作物保险，而现在的农作物综合保险，有着非常广泛的承保范围，进一步保护了农业经营者利益。

(5) 各国的农村政策性金融资金都有着广泛的来源

农业政策性金融机构的正常运行和发展，都离不开充足的资金支持。为此，多渠道筹集资金成为各国的农业政策性金融机构的共同选择。譬如日本十分重视邮政储蓄对政策性银行的资金支持，法国农业信贷银行以从信托储蓄银行借入资金、吸收活期和定期存款和发行债券等方式获取资金，而印度则通过中央政府担保的债券、借取外币和吸收存款等方式为政策性银行提供资金支持。

7.3 国外农村金融市场发展的启示

通过考察国外农村金融市场的发展，可给中国农村金融市场的发展提供许多经验、教训。我们试从以下几个方面做一归纳：

(1) 建立商业性、合作性和政策性金融组织共存互补，以及各自成分复杂、机构繁多、各机构职责明确、功能互补的农村金融组织体系，促进农村金融市场的可持续发展

在中国特色社会主义建设过程中，理论界和决策层关注的一个热点话题就是：我们要建立一个什么样的农村金融组织体系？立足中国自身的实际情况，国外成功的农村金融组织体系基本脱离不开这样的范畴：商业金融、合作金融、政策金融构成主体。此外，非正规金融也非一无是处，是上述体系的重要补充。具体来说，单纯的商业、政策化或者合作化，都不是中国农村金融定位的理想方向，因为这没有考虑到中国农村的具体情况，无法满足对农村金融多样化、多层次的需求。我们认为，只有通过农村金融组织法，将各机构纳入一个综合体系，让其职责明确、分工合理，如此才能保证农村金融市场向健康方向发展。至于构建商业性金融、政策性金融、合作性金融三足鼎立的骨架体系，无疑是重要的基础方面，但必须落实到更具体的层次才有现实针对性。

（2）要按合作制原则改革和发展农村合作金融，使之成为农村金融市场的主要方式，这一点是基于前文对国外农村金融市场考察和比较时的发现，即无论发达国家还是发展中国家或地区，农村合作金融的发展都被各国在不同程度上视为重中之重

在各国农村金融市场中，合作金融制度的优越性均有显著体现。这不仅仅见诸合作金融的精神和原则，在商业化方面它的优越性也不断体现。从东西方各国经验看，政府从政策上的支持和监管是不可缺失的一个环节。具体到中国，如何改革农村合作金融体制，不完全是一个理论上的挑战，更是现实实践上的重大挑战。本书认为对农村合作金融来说，有两个原则是至关重要的：一是必须坚定地坚持稳定、持久的合作制；二是应该适当地商业化，引入市场机制使得农村合作金融体系更高效；三是还要加强政府的政策支持与有效监管。三管齐下使农村合作金融也成为中国农村金融市场的一支主力军。

（3）加强政府的支持力度，促进农村金融市场健康发展

农村金融市场是一个需要政府大力支持的市场，它在一定程度上具有准公益性质。农村金融市场的完善如果没有政府介入，单靠市场机制发展起来的农村金融市场是很难成功的；反过来如果过于依赖政府帮助，就很难解决效率不高的问题。因而，政府与市场的适当结合，才是合理的发展模式。以市场机制作用为前提，由政府干预来引导正确的方向。从各种政策的实施入手，补救单纯靠市场机制发挥作用的局限性，创造宽松的外部宏观环境，扶持市场机制更好地发挥作用，必将极大促进农村金融市场的发展。

（4）要建立和完善农村金融法律制度，不断规范农村金融市场的发展

美国农村金融市场有比较良好的起点，在开始发展的时候就有了较为健全的法律保障，后来又经过不断地补充完善，最终具备了规范高效的法律体系。由此来看，完善的配套法律法规保障体系，是很好地发展中国农村金融市场的必备条件，我们应该尽力推进该体系的建设。面对成功的外国经验，只有遵循客观借鉴、又不生搬硬套的原则，尽量制定出台一系列符合中国本身国情的农村金融法规以及相关的规章制度，中国的农村金融市场发展才可能有光明的未来。

（5）应强化政府调控功能，不断提高农村金融市场资源配置效率

根据上文的考察，许多国外农村金融市场配置效率很高，具体表现

在农村金融市场的金融资源配置能否很好地配合农业产业，为广大农户服务；而其城市金融市场也可以通过合理的配置，照顾到农业产业。有鉴于他们的成功经验，强化对城乡金融市场统筹规划。从两方面入手，我们不仅要采取措施限制农村金融资源不合理地流失，二是要大力支持农村金融机构向城市金融市场筹集资金，以使得前者可配置的资源总量得到增加。此外，我们还应针对农业生产易受自然灾害影响的特点，尽快建立农业灾害保险制度，在农业经营者遭遇灾荒以致无力偿还贷款时，要主动去减轻农户负担，通过保险补贴制度将农村金融机构的支农宗旨落到实处。

(6) 要充分发挥农业政策性金融的扶持功能，拓宽农业政策性金融的资金来源

美、法、日等发达国家的农业政策性金融机构资金来源都可谓多样化，其中有政府财政拨款，也有存款和股金，还有在城市金融市场发行有价证券等。相比较而言，中国的农业政策性金融由于业务面太窄，发挥的作用还很有限，不能起到很好的推动农村金融市场发展的作用。其根本原因还是在资金上，资金规模很有限且来源单一，成为制约业务拓展的“瓶颈”。在参考发达国家成功经验的同时，又不能生搬硬套，我们必须拓展政策性金融的业务功能，使其扶持“三农”的功能落到实处，这样才能使得其与农村商业金融和合作金融的服务对象权责分明，相互补充和支持，共同促进农村金融市场的良性发展。

8　中国农村金融深化的对策

供需矛盾和双重不足是导致中国金融抑制问题长期存在的根本原因。从相关国际实践经验来看，在新兴市场的经济发展过程中，金融供给不足是普遍存在的现实问题。与其他发展中国家的不同之处是，中国农村还存在着对金融需求的严重不足，为此，中国的金融抑制呈现出与以往不同的新特征，对于其形成原因的解释，也不能照搬其他发展中国家的相关实践，而是需要依据中国农村的实况，进行科学合理的分析和论证。

深究中国农村当前金融抑制的具体原因，可以归结为两方面：首先，正规金融机构对农户资金需求的供给不足，即“供给型金融抑制”；其次，农户对正规金融机构的资金需求相对有限，即“需求型金融抑制”。农村金融供给与金融需求表现出了双重不足，结构不均衡愈加明显，从而致使中国农村金融抑制问题始终未能得到有效缓解。

总体来看，无论是从需求角度，还是从供给角度，中国农村金融市场均存在严重的金融抑制现象，农村金融深化不足已经严重阻碍了农村经济的健康稳定发展；与此同时，农村经济发展滞后又反作用于农村资金资源的积累和农村金融市场的发展，从而导致金融发展和经济增长之间存在恶性循环态势。因此，解决中国农村金融抑制问题已经是迫在眉睫，而解决的有效途径就是，建立一个多元化、多层次的农村金融机构组织体系，并且鼓励金融创新。

8.1　当前中国农村金融体系存在的主要问题

(1) 多层次、多样化、适度竞争的农村金融服务体系尚未建立

当前，中国多层次、多样化、适度竞争的农村金融服务体系远未形成。一是农村地区政策性金融供给不足。近年来，社会主义新农村建设、

经济结构调整和农村经济发展产生了大量金融需求，其中有部分农村金融需求具有较强的政策性金融性质，而当前的政策性金融服务还不能满足其需求。二是主要涉农金融机构改革仍需深化。随着涉农金融机构自身改革的不断完善，农村地区商业性金融的实力不断增强。但商业性金融机构如何在实现服务“三农”的同时又能保持自身可持续发展的问题，是继续深化农村金融改革面临的难点。三是部分农村金融机构存在“离农脱农”的倾向。目前，部分法人金融机构在经营过程中倾向于“做大做强”，取消基层法人，其金融服务有脱离农村、远离农民的倾向，不利于经营优势的发挥。四是农村地区新型金融机构增长缓慢。目前农村地区新设的金融服务机构种类较少，服务能力有限。

(2) 农村信贷市场拓展的深度、广度需进一步提高

2006 年以来，中国农村信贷市场准入政策逐步放宽，但市场开放程度仍需逐步提高。一是民间资本进入农村金融市场仍然受到限制。随着经济发展，民间资本投资能力逐步提高，非金融企业应对风险的能力也不断增强，但目前的法律法规限制了民间资本参与农村金融的积极性。二是新型农村金融机构的设立受到众多约束。相关政策对新型农村金融机构的设立提出较严格的要求，使得部分新型金融机构经营业务受到限制。三是农村金融市场“批发 + 零售”的资金融通渠道有待发展，大型商业银行或政策性银行与农村金融机构的合作联通机制尚未建立。

(3) 信贷、证券、保险的联动机制有待加强

目前，中国农村金融市场以银行类信贷为主，保险、证券等的发展相对滞后。随着现代农业发展，农村信贷市场产品和服务方式创新不足的问题不断显现，单纯依靠信贷市场融资成为农村生产经营主体面临的共同问题。证券市场发展较慢导致农村直接融资市场发展落后，影响了农村地区基础较好的企业获得更多资金支持和进一步扩大生产。

农业生产的特殊性及农村地区经济社会特点决定了保险业的发展对整个农村金融市场有重要影响。信贷、证券和保险的互动合作有待进一步提高。此外，目前农村金融市场上，涉及两个或两个以上市场的金融产品严重不足，信贷、证券、保险没有形成相互结合、互为补充的发展局面，农村金融市场的有序协调发展仍需加强。

(4) 农村地区金融生态环境建设仍需改善

当前农村地区金融生态环境相对较差，突出表现在缺乏资产评估、

担保公司、征信登记等金融中介机构，金融教育发展相对滞后，广大农户和农村中小企业对金融的认识和自身金融意识还比较薄弱。一是在探索抵押、担保过程中，农村金融中介机构不足的问题比较突出。由于农村地区经济发展相对落后，抵押担保品有限，使用现代金融产品定价机制在农村地区开展评估、担保、信用评级等的成本较大，导致在农村开展金融中介业务难度较大，农村金融中介发展滞后。二是作为农村金融市场主体的农户和中小企业对金融知识的认识有限，加之农村地区金融教育发展不足和相对落后，导致农村地区整体金融生态环境较差，使得整个农村金融市场的吸引力不足，各金融机构难以主动到农村地区开展业务。

（5）农村金融相关的政策法规需进一步完善

目前，中国涉及农村金融的法律规范还不健全。一是缺乏针对农村金融业务的法律法规。农村金融机构开展业务的主要法律依据有《商业银行法》、《贷款通则》等，这些法律法规并未对中国农村金融实际情况作出具体规定，使得农村金融机构在业务拓展中遇到法律规定不明确的问题。二是缺乏专门的农村合作金融立法。近年来，多种形式、不同规模的农村信用合作组织快速发展，但与合作金融相关的政策法规缺位，不利于规范引导农村合作金融机构健康发展。三是有关抵押担保的相关法律法规亟待完善。随着农村金融的快速发展和农村金融产品创新的推进，农村地区的抵押担保物缺乏的问题越来越突出，但此领域的法律法规不完善，对信贷业务的进一步扩展形成了障碍。

8.2 中国农村金融新体系的构建原则

要构建和完善我国城乡统筹发展的新农村金融新体系，就需要政府部门和农村金融机构在政策制定和业务经营中坚持以下四个原则。

（1）坚持普惠服务原则

平等享有金融服务是所有公民的一项基本权利。世界银行对孟加拉国20世纪90年代小额信贷项目的研究表明，通过借款和参加小额信贷项目每年有5%的客户脱离贫困。国际小额信贷的实践证明：贫困人口和低收入人口是有能力负担和消费金融服务的。可见，旨在让全社会都能获得平等金融服务的普惠金融正在日益推动金融系统及全社会的进步。

“普惠金融体系”的概念是从2005年被世界银行确定为小额信贷年以后，逐渐被提出来的，它的含义是：一个惠及所有人包括为最贫困群体提供金融服务的“包容性的金融体系”。国内对这一概念的理解是：满足所有需要金融服务的人，包括所有地区，穷人、富人等，所有有金融需求的人都可以平等地享受金融服务，包括过去难以到达的更贫困和更偏远地区的客户。

改革开放30多年来，我国农村金融体系取得了长足发展。但从总体上看，农业收益率低，自然和市场风险大，经营成本高，这些因素导致农村金融供给不足。据国务院发展研究中心的调查，我国只有约32%的农户能够获得正规渠道贷款，在有金融需求的农户中仍有40%以上不能获得正规信贷支持。由于“三农”经济的弱质性和农村金融服务激励不到位，涉农金融机构脱农倾向比较明显，据人民银行的估算，近年全国县域信贷资金净流出每年超过1万亿元。

金融行业作为一种特许牌照行业，农村金融服务作为一种准公共服务，其经营行为不能完全以市场价值为导向。国际上，一些发展中国家通过“准入标准”和“监管标准”来约束和规范金融机构履行普服务的社会责任。印度储备银行要求，商业银行每开2~3家城市分行必须开1家农村分行，私营银行必须在农村或半城市地区开办25%以上的分支机构才能获得设立许可。同时，规定国内商业银行全部优先发展行业贷款占比不得低于贷款净额的40%，外资银行不得低于32%，其中直接用于农业部分不得低于18%。巴西政府和泰国政府则明确规定了商业银行投放农业部门贷款的比例，如巴西政府规定持有存款牌照的金融机构必须将前半年吸收活期存款的25%无偿存入中央银行（除法定准备金外），只用于农业信贷；泰国政府要求所有商业银行将其存款的20%投放到农业部门，或者选择将资金存放在农业和农业合作银行，只要直接贷款和在农业与农业合作银行的存款之和达到20%即可。

可见，构建城乡统筹发展的农村金融新体系，首先必须坚持普惠服务的原则，按普惠服务原则建立的农村金融体系必须具备以下特征：无论城市还是农村的家庭和企业，均可以用合理的价格获得各种金融服务，包括储蓄、信贷、租赁、代理、保险、养老金、兑付、地区和国际汇兑等。

（2）坚持社会责任原则

英国学者谢尔顿最先提出“企业社会责任（CSR）”的概念，揭示了企业与社会之间相互依存和互利共赢的关系。此后，国内外学者开始关注和研究企业社会责任的相关问题，逐渐发展形成了企业社会责任理论。该理论认为，企业除承担最基本的经济责任和法律责任外，还应承担道德责任及更高层次面向全社会的责任，包括慈善责任、对环境的责任等，提倡企业应关注和扶持弱势群体。企业同个体社会公民一样，拥有社会公民权益的同时也必须承担对社会的责任。企业社会责任理论认为企业应在广泛的社会领域发挥社会功能，建立和发挥其影响力，为社会发展作出贡献。该理论揭示了企业与社会的关系的本质，即相互依存和互利共赢的关系，企业通过承担社会责任，可以提高企业在社会结构中的融合度，这是企业的理性选择，也是企业适应社会发展的内在要求，最终促进企业与所处社会环境的良性互动，促进经济与社会的协调发展的需要，企业应该自觉承担社会责任，积极参与社会发展。

金融作为现代市场经济的核心，金融业在经济社会发展中扮演着愈来愈重要的角色，国际范围内对于金融企业的社会责任重视程度也逐渐提高。1975 年，美国《公平信贷机会法》规定商业借贷机构不得歧视申请贷款创办企业的个人或规模较小的借款企业。1977 年，美国的《社区再投资法》提倡银行更多关注当地社区的金融需求。2003 年，九家国际大商业银行联合制定了“赤道原则”，强调金融业促进绿色发展的社会责任，金融业的发展更多地具有了人文道德和环境伦理意义。农业是基础产业，农村金融是弱势金融产业，农村金融产业自身具有巨大的外部性，无法用农村金融机构自身的商业利益准则去衡量。二元经济结构下，农村地区相对城市经济不发达，是经济薄弱的地区。农民生活水平较低，是社会成员中处于弱势的群体。农业发展缓慢，基础设施不完善，是国民经济的薄弱环节。农村金融市场主要为那些农业占比较高、人口稀少、地处偏远贫穷的地区提供存款、信贷、保险和支付服务，创造有效的农村金融市场可以减少贫困，促进资源有效使用和社会福利的提高，具有深远的社会影响。

因此，构建服务于城乡统筹发展的农村金融体系就必须坚持社会责任原则，农村金融机构必须把服务“三农”作为履行社会责任的客观要求。作为聚集和利用庞大社会资源的机构同时也是社会的重要成员，各类型的金融机构均应肩负起相应的社会责任，关注和扶持农村地区、农村企业和农户的金融需求，缓解农村金融抑制，带动农户脱贫、农业产业化和农村城镇化发展，对促进农村经济社会发展作出积极贡献。从农村金融机构自身发展角度来看，虽然短期内可能会给企业带来一定费用支出，但从长期来看，这种费用支出将有助于农村金融机构在行业和社会公众中提高声誉、塑造形象，对农村金融机构自身的成长与发展也将具有重要意义。

（3）坚持可持续发展原则

金融可持续发展理论是20世纪90年代随着人们对全球金融危机的广泛讨论而提出的一个概念，是人们对金融传统发展模式进行深刻反思的结晶。金融可持续发展理论以金融资源论为研究基础，以金融资源配置为研究对象，以金融分析为研究方法，以促进金融与经济协调发展为研究目的。农村金融的可持续发展是金融可持续发展理论的重要组成部分，也是农村经济发展的主要推动力和重要内容。农村金融的可持续发展可以分为三个层面：微观、中观和宏观。微观层面的可持续发展指农村金融机构自身能够持续运营，长期可持续地提供农村金融服务；中观层面的可持续发展指农村金融市场、农村金融制度的持续改善和创新，形成良好的农村金融生态环境和可持续发展机制；宏观层面的可持续发展是指农村金融与国民经济其他部门的协调发展，从而实现整个经济的可持续发展，涉及农村金融的整体功能，由微观层面的农村金融机构和中观层面的农村金融机制协调配合实现。

世界银行将可持续性作为评价农村金融机构的一项重要指标，并通过补贴依赖指数（Subsidy Dependence Index，SDI）来进行衡量。SDI是衡量农村金融机构财务业绩的复合指标，是指在给定的年份中，农村金融机构获得的补贴与其正常经营所获得收入的比值，SDI反映了如果完全取消所有补贴，该机构的正常营业收入应该提高的百分比。由于它考虑了农村金融机构所接受的补贴额，改变了传统盈利性比率所关注的焦点，所以SDI比标准财务指标更加适合于度量农村金融机构可持续发展的能力。SDI的最小值是-100%，但没有最大值界限。SDI为零，表示该机构已经实现完全的持续性；SDI为100%，表示普遍将平均贷款利率增加一倍才可以取消补贴；SDI为负，表示该机构已经实现完全的可持续性，该负值是指年度利润超过该年度所接受的各种形式的补贴部分，这类机构可以降低其平均贷款利率，取消所有的补贴，并仍能保持可持续性。

坚持农村金融体系建设的可持续发展原则，一是要准确把握农村金融的本质特征和作用范围。金融与财政的本质区别就是金融要求回报，商业性金融要为股东提供有竞争力的回报，政策性金融业要做到保本微利。因此，农村金融的作用范围是有一定边界的，必须在适合的范围内发挥金融对农村经济的巨大促进作用，否则就会带来金融风险。二是政府和全社会要共同努力，建立市场保障体系、政策扶持体系，营造良好的金融生态环境，帮助农村金融机构增强盈利能力，形成农村金融的多方共赢格局。

（4）坚持创新发展原则

20 世纪 70 年代以后，西方市场经济国家掀起了金融创新的浪潮。近年来，我国在金融创新方面也取得了长足的发展，不仅在金融产品层次上涌现出很多创新品种，而且在金融企业的治理结构和内部风险控制方面开展了一系列的创新。金融创新可以分为狭义的金融创新和广义的金融创新，狭义的金融创新仅指金融工具和金融行为的创新；广义的金融创新则是包括金融工具和金融行为、金融组织、金融制度在内的整个金融体系的创新。一般意义上，我们所探讨的农村金融创新属于广义上的金融创新。

我国农村金融主要面对的是分散的小农和农村中小企业，经营业务有其独特性，因此，与城市金融创新相比，我国的农村金融创新有其自身的特点，具体表现在：由于缺乏必要的金融工具，且金融产品的数量较少，个性化较强，难以进行证券化；金融交易规模小，次数频繁；缺乏担保和抵押，信用基础不牢固；要求金融服务简便、灵活、及时；农业生产的周期性特点，使农村金融业务回报周期长、风险高，而收益又比较低。

就金融工具和金融行为的创新而言，我国的农村金融机构所提供的产品服务，不能仅仅是储蓄存款和信贷服务，还需要满足农民理财的需要，并把消费信贷引入农村；针对农村金融机构日常经营管理的需要，以及对巨灾风险进行管理的需要，可以进行资产证券化；针对农业风险的特殊性，推进农业保险业务的创新发展；同时，还应创新担保机制和担保方式，解决农民因缺乏抵押物而难以贷款的问题。

就金融组织创新而言，根据农村经济发展不平衡的特点，应允许和鼓励农村合作性金融组织实现快速发展，条件允许时可以改造成农村商业银行；要大力培育村镇银行、贷款公司、资金互助社等新型金融机构；鼓励和支持各类非银行金融机构到农村设立机构，开办业务；建立和发展农村政策性金融机构，弥补商业性金融机构和合作性金融机构的不足，尤其要建立农业保险机构，分散和化解农业风险。

农村金融制度创新是关键和根本，必须通过构建农村金融的法律制度来营造良好的农村金融外部环境。当前，我国农村金融立法依然非常薄弱，这已经成为制约农村金融发展和农村金融创新的瓶颈。一些重要的法律法规需要出台，比如农业保险法、合作金融法、民间金融法等。

进入21世纪以来，信息技术在金融行业得到了广泛的应用。熊彼特在研究资本主义经济发展时，指出推动资本主义革命的根本动力在于生产技术的革新和生产方式的变革。现代通讯技术和计算机技术在金融业中得到广泛的应用，同样引发金融领域内一场改变历史的“技术革命”。“三化同步”、城乡统筹发展过程也是农村不断实现信息化的过程，现代信息技术的发展通过以下三个方面影响着农村金融的发展：一是信息技术在农村金融领域的使用在一定程度上减轻了农村金融市场信息不对称的消极影响；二是信息技术会大幅降低农村金融服务成本，快速发展的信息技术为农村金融创新提供了有利条件；三是信息技术使农村金融由单一的信贷需求，转变为包括存、取、汇、兑等基础金融服务在内的综合金融服务，这一转变对于农业生产效率的提高和农村经济的增长将发挥着更加重要的作用，同时也有助于农村金融机构实现可持续发展。

8.3 进一步提高中国农村金融服务的政策建议

无论是在发达国家还是发展中国家，农村金融业务都普遍存在比较效益低等问题，提供农村金融服务的机构往往面临更大的商业化经营压力。在农村金融成本高、风险大、收益低的现实情况下，对农村金融给予合理适度的政策引导和支持，是调动金融机构积极性，促进农村金融服务供给增加不可或缺的重要手段。通过强化政策扶持在调动金融资源支持“三农”方面的杠杆作用和正向激励，更能够让那些愿意干、有实力的金融机构有动力、能安心地去从事“三农”服务。当前，亟须建立金融服务“三农”的长效机制，实现农村金融服务商业性可持续发展。

（1）发挥财政、信贷资金相互协调配套作用

不断完善涉农领域财政税收支持政策，发挥财政资金的引导作用。

通过对重点涉农业务的适当补贴和扶持，引导各金融机构开展涉农信贷业务，增加信贷投放。通过给予主要涉农信贷机构一定的财税优惠政策，增强自身经营覆盖风险能力，在逐步实现可持续发展的基础上，进一步加大涉农信贷支持力度。

要实现商业可持续经营，农村金融机构不可能去承担过多的财政救济和社会稳定功能。并且，单靠带有财政职能的人民银行再贷款和扶贫贷款无法根本解决农村资金外流和农村贷款难的问题。历史经验表明，过去，国家和地方政府未将金融位置摆正，金融承担了过多的财政职能，不但无法完成任务，也造成大量损失，使农村金融萎缩，资金外流，而且各种道德风险严重。因此，国家财税政策与金融政策需要有效结合。我们认为，可以考虑通过风险投资、担保基金、财政贴息启动银行信贷投放，可以尝试建立由国家财政、地方财政以及地方龙头企业共同出资的农业基金，调动各类金融机构参与农村金融的积极性，从而为农村经济金融发展拓宽资金来源渠道，增加资金供给。

(2) 加快建立多元化、多层次、适度竞争的农村金融服务体系

随着农村经济活动市场化程度的加深，农村经济主体经营的多元化和多样化表现出对金融商品需求的多样性特征。但是，农村金融组织现行体系却不够完善，政策性金融机构、商业性金融机构以及合作性金融机构的职能远没有发挥出来，主要是由于各组织太注重各司其职，而缺乏有效配合。此外，在农村金融市场发展方面也表现出种种不足，各种非银行金融机构寥寥无几，有效的金融融资工具和风险缓释工具非常有限，金融抑制状况异常突出。因此，要对现有中国农村金融组织体系实行金融深化改革，就必须调整现有农村金融组织体系的功能定位，使其将业务重点转移到农村中来，并在此基础上，规范并大力发展农村非正规金融，逐步培育各种非银行金融组织，包括农村保险业、农村证券业、农村信托业等，打破现有垄断格局，促进农村金融市场竞争机制形成，增加有效金融工具的品种。建立一个多元化、多层次的农村金融服务体系。

(3) 积极营造农村金融机构商业可持续发展的经营环境

近三年来，在国家“支持三农”政策的引导下，农村金融机构的经营环境出现了一些改善的迹象，具体表现在以下几方面：一是农村经济稳步增长，产业结构进一步优化；二是农民的增收渠道进一步拓宽，收

入增长较快；三是农村地方政府的财税收入增长势头较好，经济自我“造血”能力增强；四是农村地区的工业化、城镇化步伐加快；五是民营经济进一步发展，公共基础设施建设加快，经济活力进一步增强；六是经过近几年的农村金融改革，农村金融机构自身的体质得以增强，资产质量好转，盈利能力增强，可持续发展的能力得以提高。同时，其经营环境还存在一些不利的因素：其一，农村经济发展的区域差异继续拉大，经济落后地区的农民增收难度仍然较大；其二，农村地区的城乡收入差距继续扩大；其三，农村地区资金外流的趋势没有得到根本扭转；其四，农村金融市场仍然缺乏足够分散农村贷款风险的渠道，具体表现在农村保险萎缩，大宗农产品期货市场不够发达，政策法规的限制使农村金融机构无法寻找抵押和担保的有效替代方式；其五，一些涉农金融机构仍然摆脱不了地方政府的行政干预，承担的社会责任较多，增加了经营成本；其六，部分地区的社会信用环境仍然不够理想，地方司法部门保护银行债权的力度不大。积极营造农村金融机构商业可持续发展的经营环境是增加农村地区金融供给，提高农村金融发展水平的前提条件。故此，我们提出以下政策建议：第一，进一步促进农村的产业结构优化，加快工业化进程。第二，努力改善农村居民的教育水平和质量，积极创造非农就业机会，有效增加农民收入。第三，加大对经济落后地区的财政转移支付力度，努力缩小城乡收入差距。第四，研究建立农村金融风险分散和补偿机制，通过发展农业保险和农产品期货市场等金融风险缓释工具来分散、化解农业产业固有的高风险。第五，进一步放松金融管制，如允许经济发达地区的农村商业银行跨地区经营，或通过组建村镇银行、参股经济落后地区农村信用社等方式，为经济落后的农村地区提供金融支持和服务，实现均衡发展。第六，改善并加强农村金融市场的基础设施建设，如加快农村金融机构的支付结算体系网络建设，并将其实现全国联网，丰富农村金融机构的盈利渠道。第七，制定扶持农村金融发展的具体政策，要充分发挥政府在解决农村投入机制障碍等方面的主导作用，加快构建与农村经济发展要求相适应的现代农村金融服务体系。

(4) 加大金融创新的力度，开发农村地区适销对路的金融产品

近些年来，一方面由于农村地区的不断发展和城乡一体化水平的逐步提高，金融服务需求在不断发生变化，另一方面，由于各地区经济发

展的不平衡，地区间金融服务需求也各有不同，因此，我们需要对农村金融需求进行深入细致的调查研究，分清楚农村金融需求的不同层次，推动农村地区的金融创新。结合近几年农村金融发展的实践，为了更好地满足农村地区现实的金融需求，我们觉得有必要建立多层次的农村金融体系，加快农村地区的金融机构的机制创新、体制创新和金融产品创新，具体建议如下：第一，实现农村金融系统对违约客户信息的共享，有效降低农村地区贷款客户的道德风险与信息不对称成本。第二，建立科学的激励机制，建立专业的业绩考核和奖惩机制，如对农户的小额贷款与大中型企业贷款要进行单独的考核和核算，使得信贷人员收入水平、职级晋升等个人利益与业绩紧密关联起来，建立起激励相容机制，防止激励不足或道德风险。第三，根据农村金融机构的实际经营业绩，适当下放信贷审批权限。第四，农信社的体制改革有待继续深化，尽快扭转农信社经营管理水平偏低、激励约束机制不健全、抗风险能力弱、股本金管理不规范、经营管理成本偏高等状况。第五，进一步明确中国农业银行、中国农业发展银行、中国邮政储蓄银行和农村信用社的市场定位。目前，农业银行在农村的网点较少，但可以利用其较强的资金实力为农村金融市场提供批发业务，适当增加适合农村经济特点的中长期贷款的发放，凭借其较高的网络科技优势，加强与农村商业银行、农村合作银行和农村信用社的支付结算合作，提高整个农村地区的金融服务水平。农业发展银行应进一步明确政策性银行的定位。农村金融发展的实践表明，经济落后农村地区的金融发展问题不可能依靠商业化的金融机构来解决，为了防止经济落后地区落入发展经济学所谓的“贫困化陷阱”，农业发展银行需要与政府财政部门合作，进一步拓宽资金来源，建立政策性贷款有效的财政补偿机制，充分发挥政策性银行在经济落后农村地区的金融先导作用。农村信用社和新成立不久的中国邮政储蓄银行应利用其网点优势发展金融零售业务，提高代理、支付结算、汇兑等业务的金融服务水平，拓宽盈利渠道，大力发展电话银行，弥补网点不足，业务人员不足的缺陷，进一步降低经营管理成本。第六，根据农村地区经济发展水平的差异开发适销对路的农村金融产品，积极开展金融产品创新。比如，小额贷款和农户联保贷款在经济落后县域发展较好，当地金融机构需要进一步鼓励和支持，而对于经济发达地区，小额贷款市场处于饱和状态，金融机构则需要考虑开发新的信贷产品满足这种由于经济发展水平升级产生的新需求。我们建议，在经济发达的农村地区，农业龙头企业 + 农户 + 担保公司的融资模式值得推广，有利于降低和分摊银行风险，也可以试点小企业联保贷款，并将近郊的农村土地使用权进行抵押贷款。另外，商业汽车贷款可以让汽车经销商参与进来，通过交保证金方式实现生产经营厂家和商业银行实现风险共担。近些年，伴随农村经济的快速发展，农村住房金融需求增长较快，农民到城镇买商品房的日渐增加，农村金融机构可以此为契机，推动农村地区消费信贷的发展，并深入农村调研，开发出更多适合农村特点的消费信贷品种，激活农村的消费信贷市场。

(5) 加快利率市场化步伐，进一步放开农信社的贷款利率浮动区间

农村和农业的性质决定了在零售层面上提供农村金融服务成本高，因此需要较高的利率才能使农村金融机构可持续经营，对农户和微小企业来说，重要的是方便、快捷、可靠地获得融资。继续对利率进行管制，会导致农村地区信贷供给不足，或者转向民间借贷，承担更高的利息支出。因此，我们建议可以进一步放开农村信用社的贷款利率浮动区间，若提高利率浮动幅度以后，从根本上能有效地增加农村领域的信贷供给，那么可以考虑逐步放开其贷款利率浮动区间，直至完全实现农村地区贷款利率市场化。

(6) 推进农村地区的征信体系建设，创造良好的社会信用环境

随着我国城乡一体化进程的加快，传统的农村乡土社会格局发生了根本性变化，朴素的基于农村简单社会关系的守信激励和失信惩戒机制逐渐失去效力。农村地区信用环境逐渐恶化，农民缺乏金融信用意识现象突出，还款意愿普遍下降，银行信贷资产质量受到较大影响。当市场失灵之后，政府“看得见的手”要责无旁贷地进行干预。要充分发挥政府主导作用，完善区域信用评价体系，努力推进各个层次的信用建设。以打击逃废债和深化诚信宣传教育为重点，以金融信用环境治理为着力点，进一步拓展信用环境建设范围，促进信用村、信用乡、信用镇建设向深度和广度发展。良好的社会信用环境是金融健康发展的保障，我们应总结和借鉴城市地区个人和企业征信系统建设的成功经验，加速促进中国农村地区的征信体系建设，尽早实现广大农村地区金融机构的信用信息和农户共享，有效降低道德风险和运营成本。通过农村金融生态环境的改善来吸引更多的金融资本和社会资金，从根本上促进“三农”金

融资源的重新整合与科学配置。

(7) 加快完善包括信贷、期货、保险在内的农村金融

当前我国农业保险远不能满足“三农”的需要。农业保险作为风险补偿的重要机制，能有效地促进农村经济平稳发展，是农村金融的重要组成部分。我国农业生产受自然灾害影响较大且范围广泛，风险损失率高，而农业保险的间接补偿机制还处于探索阶段，银行业金融机构仅凭自身的贷款损失一般准备和专项准备根本不足以弥补涉农贷款可能造成的高额损失，农业生产风险无法分散，严重制约了涉农商业银行发放农业贷款的积极性。由于农业保险具有准公共物品的性质，如果完全实行商业化经营模式，必然导致市场失灵。亟须将农业保险作为支持农业和保护农业发展的一项政策措施，通过健全政策性农业保险制度，完善农业保险保费补贴政策，切实降低农业生产经营风险，引导金融资源投向“三农”。

市场发展信贷、证券、保险、期货、担保分工配合、相辅相成的农村金融市场体系，加强金融的风险管理功能。改变目前农村金融市场以银行类信贷为主的间接融资模式，扩展直接融资所占比重，探索中小企业集合发债、集合票据、上市等资本市场融资渠道。加快发展农产品期货市场，对已上市的农产品期货品种做深做细，完善市场品种结构，充分发挥期货市场价格发现作用，分散农产品生产销售过程中的市场风险。不断完善农业保险体系，创新农业保险品种，探索建立农村信贷与农业保险相结合的银保互动机制。进一步完善农村地区的信贷市场、保险市场、证券期货市场，形成信贷市场、保险市场和证券期货市场相互配合的农业风险管理体系。

(8) 应用现代科技提升农村金融服务水平

计算机和移动通讯技术的快速发展及其在金融服务领域的广泛应用，为在农村地区扩展低成本、低风险的基础金融服务提供了条件。农村经济主体分布比较分散、业务额度较小，这使农村金融服务必然具有高成本特征。基于现代通讯手段的无分支行网点银行，摆脱了传统银行业务对网点、人员的依赖，可利用现代通讯手段在农村地区低成本地提供存款、汇款、贷款和保险等基础性金融服务，有利于金融机构在维持财务可持续原则下，不断扩展金融服务覆盖面。

(9) 发挥地方政府在促进农村金融发展中的积极作用

落实地方政府对农村信用社、小额贷款公司等地方性金融的管理责

任。发挥地方政府在创建良好地方金融生态环境中的作用，配合中央监管部门做好农村地区金融风险防范和处置工作。通过加强农村信用社省联社管理，完善其为基层农村信用社提供服务的能力，逐步将农村信用社省联社由管理机构转变为服务机构。省联社和地方政府要履行管理职能，全面负责风险防范和处理。引导小额贷款公司有序发展，推动其增加支农投入、提高支农服务能力，省级政府要切实落实对小额贷款公司的管理责任和风险处置责任，避免将责任层层下放。同时，加强对其他地方性金融机构和组织的风险防范。充分发挥地方财税杠杆作用，通过出台适当的财税扶持政策，引导金融信贷资金在农村地区增加投入，推动金融机构扩大“三农”服务。

(10) 制定差别化监管政策和货币政策

农村金融机构具有种类多、差异大、风险高、盈利能力弱等明显不同于城市金融的特点，必须实行“宽严相济”的差异化监管。可以参照国际上通行的做法，从综合覆盖面、可持续性和福利影响三个维度来评价农村金融的发展状况，形成既能反映农村金融发展一般规律，又具有中国特色的农村金融改革发展评价指标体系，适度降低农村金融机构在最低注册资本、存款准备金率、存贷比限制等方面的监管要求，适当放宽农村地区的担保要求和担保品范围。通过差异化的农村金融监管体系，鼓励和引导各类金融机构主动为“三农”和县域经济服务。根据稳步推进利率市场化改革和增强农村贷款利率的灵活性的政策精神，选择适当时机尽快放开贷款利率上限，推进农村利率市场化进程，逐步形成竞争性的农村金融市场，有效提高农村金融机构承担和化解风险的能力。信贷市场是农村金融市场体系的基础，进一步激活农村信贷市场，有利于吸引更多的资金进入农村市场，缓解资金供求压力。

9 农村金融深化实践：来自中国邮政储蓄银行的服务“三农”经验

农业、农村、农民问题关系党和国家事业发展全局，关乎社情民心，历来是党和国家的工作重心。党的十八大报告中明确指出，解决好农业农村农民问题是全党工作重中之重。中央一号文件连续十年聚焦“三农”问题，更充分显示了党中央、国务院做好“三农”工作的决心。农村金融是现代农村经济的核心，要实现农业发展、农村繁荣和农民增收，离不开金融的强有力支持。中国邮政储蓄银行（以下简称邮储银行）作为我国农村金融服务体系的重要组成部分，始终坚持服务“三农”战略定位，不断探索农村金融服务创新，初步探索出了一条大型零售商业银行服务“三农”的特色发展之路。

9.1 中国邮政储蓄银行践行服务“三农”

9.1.1 新形势下对农村金融服务提出的新要求

近年来，金融部门积极开展农村金融产品和服务方式创新创优，不断加大农村扶弱力度，金融扶弱在推动农村金融基础服务快速健康发展、缓解微观主体贷款难和解决“三农”融资难问题等方面取得了初步成效。但是，解决农村金融问题是一个复杂的系统工程，也是一项需要经过长期努力才能见效的艰巨任务。

推动城乡发展一体化需要农村金融服务支持。经过30多年的改革发展，我国农村经济已步入由传统农业向现代农业转变、农村经济结构加速调整、城镇化建设深入推进和各项产业协调发展的重要时期，总体上已进入以工促农、以城带乡、工农互惠、城乡一体的发展新阶段。新的发展阶段对农村金融服务工作提出了新要求：发展现代农业，需要农村金融机构为现代农业建设提供综合性、现代化的金融服务来推动农业生产经营体制创新；推进新农村建设，需要农村金融机构提高对农村基础设施和社会事业发展的金融服务水平来全面改善农村生产生活条件；促进农民增收，需要农村金融机构推出好用实用的信贷产品与便捷的服务方式来切实解决农民贷款难问题；推动城乡发展一体化，更需要农村金融机构努力服务好新型城镇化建设来缩小城乡差距。

农村金融仍然是农村经济发展中最薄弱的环节。近年来，国家出台了一系列惠农富农政策，农村金融改革发展取得了明显进展，金融服务覆盖面有所提高，推动了农村经济发展。但与新时期“三农”事业发展的要求相比还有很大差距，农村金融服务仍然是我国金融体系中最薄弱的环节。主要表现在三个方面：首先是农村基础金融服务需求旺盛与农村金融服务供给不足之间的矛盾。当前我国金融基础设施建设仍很滞后，部分地区仍然存在金融服务盲区，有些贫困地区或边远地区还不能获得最基础的金融服务，农民“贷款难”问题仍然没有得到根本性改变。其次是农村金融需求日益多样化、差异化与“三农”金融产品创新不足之间的矛盾。随着农村经济社会发展及农业现代化、产业化的推进，迫切需要农村金融机构与时俱进，针对农业产业链条中的农户、生产加工企业及流通企业开发提供一整套的服务产品及方案。最后是农村居民金融常识普遍缺乏与现代新兴金融服务工具不断涌现之间的矛盾。由于对金融知识了解不足，农民对新型金融服务手段认知度较低、接受较慢，对银行服务的认识还停留在传统金融服务上，而现代商业银行金融产品日益复杂多样，电子银行、网上银行、电话银行等现代新兴金融工具推陈出新，而普通农民接受这些新事物还需要一个长期的过程。

农村金融发展需要化解“三农”弱质性和金融机构商业可持续的矛盾。当前，农村金融之所以发展滞后，既有历史变革的影响，又是当前涉农金融机构商业化选择的结果。从“三农”融资环境来看，农业的弱质性削弱了农村金融机构的服务积极性。由于农业是弱质产业，受自然因素影响较大，这就决定了提供涉农金融服务较其他商业性金融服务具有更大的风险，而我国目前农村地区金融生态环境比较脆弱，金融机构债权保护不到位和信用意识的缺失，再加上缺乏风险转移、分担、补偿、处置的渠道和机制，造成风险向农村金融机构集聚，严重制约了农村金融的发育和成长。从商业银行自身角度来看，加大“三农”金融供给很难实现商业可持续。由于新设网点投入巨大、运营成本较高，偏远地区乡镇的经济密度、人口密度及相关指标难以保证网点盈利或至少达到保本点，提供农村金融服务的机构往往面临更大的商业化经营压力，商业银行从自身经营的角度出发，主要网点布局仍侧重在县域城关镇，未能深入到农村偏远乡镇。此外，在“三农”金融产品创新和推广方面，由于“三农”金融产品往往是微利产品甚至是无利免费产品，金融机构创新和推广的积极性不高。这些因素共同导致了金融排斥农村地区的情况普遍存在。

9.1.2　坚持服务“三农”战略定位

在新的历史时期，做好深化“三农”金融服务工作，关键在于找准市场战略定位。从邮储银行成立6年来的实践看，坚持“三农”战略定位不仅符合我国银行自身特点，体现政治担当，履行社会责任，更可发挥我行自身比较优势并实现商业可持续发展。

服务“三农”是响应党中央、国务院号召的需要。根据国务院金融体制改革的总体安排，在改革原有邮政储蓄管理体制基础上，中国邮政储蓄银行于2007年3月正式成立。在转制之初，邮储银行就被赋予了服务“三农”、服务城乡居民的责任与使命。2007年党中央、国务院“一号文件”提出，要“引导邮政储蓄资金返还农村，大力发展农村小额贷款”。2008年《中共中央关于推进农村改革发展若干重大问题的决定》要求“扩大邮政储蓄银行涉农业务范围”。2012年，中国人民银行在农村金融改革试点中，将邮储银行列为支持改革的主要金融机构之一。肩负责任与使命的邮储银行，积极响应党中央和国务院的号召，始终把“三农”金融服务工作放在改革发展的首要位置。

服务“三农”是履行社会责任的需要。纵观世界各国，无论是在发达国家还是在发展中国家，政府都努力通过各种途径对商业银行服务“三农”进行一些强制性的政策或监管约束，以保证“三农”获得金融支持。金融行业作为一种特许牌照行业，是社会资源再分配的重要手段，也是农村经济发展的核心。当前，我国已进入全面建设小康社会的关键时期和深化改革、加快转变经济发展方式的攻坚阶段，这对“三农”工作提出了更高的要求，商业银行理应承担起促进金融平衡发展和经济均衡发展的社会责任。自觉把服务“三农”作为履行企业社会责任的重点领域和优先顺序，引导资金合理回流农村，努力解决农村金融供给不足、城乡金融服务差距大的难题。邮储银行作为一家大型国有商业银行，更是要体现国有资本的意志，充分发挥覆盖城乡的网络优势，主动融入地方经济发展，积极投身到推动城乡发展一体化大潮之中，进一步增强做好“三农”金融服务工作的敏锐性和自觉性。

服务“三农”是实现差异化经营的需要。近年来，在国家一系列支农惠农政策的支持下，农村经济整体实力增强，新型农业生产经营体制初步创立，农业专业合作组织不断增加，县域财政收入连年增长，农村经济日益繁荣。十八大报告更对发展县域经济、发展小城镇，推动城乡一体化等提出了更高要求。农村经济的这些新发展、新变化，催生了“三农”客户对金融服务需求的新变化、新期盼，金融需求的规模有了明显扩大，范围有了明显扩展，层次有了明显提升，由此衍生出广阔的市场空间。当前，在城市金融同质化竞争压力日益加大的背景下，农村金融却迎来了如此难得的历史发展机遇，这不仅为商业银行开展差异化经营创造了条件，更为实现农村金融商业可持续发展奠定了基础。邮储银行作为全国网点规模最大、网点覆盖面最广、客户最多的金融服务机构，在服务“三农”方面具有先天禀赋，在当前全国3.8万多个营业网点中，70%以上分布在县及县以下地区，特别是在一些边远地区，邮储银行更是当地唯一的金融服务渠道。与其他商业银行相比，这些先天比较优势在实践中已逐渐转变为邮储银行服务“三农”方面的竞争优势。

9.1.3 践行服务“三农”

“三农”的弱质性客观上决定了“三农”金融业务面临的风险较大，成本较高，回报率相对较低。邮储银行深化“三农”金融服务的核心，是找到一条能够破解“三农”金融服务成本高、风险大的新路子，实现商业可持续发展。建行以来，邮储银行始终把“三农”金融服务工作放在改革发展的首要位置，充分发挥覆盖城乡的网络优势、规模庞大的资金优势，深入研究服务“三农”的有效途径，不断优化农村金融环境，创新农村金融产品，探索服务“三农”新型人才培养机制，坚持合作共赢服务“三农”理念，为广大城乡居民提供基础金融服务，为促进农村经济发展提供强有力的金融保障。

（1）致力于改善农村金融服务环境

金融服务“三农”，首要在于改善农村支付结算环境。近年来，随着中央一系列强农惠农政策出台，以及对农村和农民转移支付力度的增强，各类资源不断向农村地区倾斜，广大农民对支付结算服务的需求不断增加，城市与农村之间、行业之间、地域之间的支付结算渠道亟须打通，改善农村支付结算环境已成为农村金融服务的工作重点。邮储银行始终坚持发挥“沟通城乡居民个人结算的主渠道”作用，秉承邮政储蓄汇兑业务的既有优势，不断探索新的服务内容和形式，致力于为农民提供储蓄、汇兑、代理保险、便民取款等基础金融服务，构建“延伸城乡金融服务最后一公里”的金融机构。仅在2012年，邮储银行在全国办理收汇业务约2.3亿笔，金额约7 900亿元，兑付业务近2.3亿笔，金额超过7 700亿元。通过不断加大农村地区硬件设施投入力度，强化农村地区的渠道建设，切实满足了农村客户的支付结算需求，当前一个覆盖面广、方便快捷、纵横交错的多元化邮储银行通存通兑网络已全面建成，并已成为城乡居民个人结算的主渠道。

近年来，国家陆续出台涉农补贴、新型农村养老、医疗保险等惠农政策，且大多采用银行账户形式发放，边远地区农户对取款服务的需求日益增加。为解决农村地区普遍存在的小额提现难问题，邮储银行在乡镇及以下农村地区选择具有一定经济实力、信誉良好的商户，通过为其安装“商易通”固话设备，以商户先行垫付现金的方式为农民提供“银行卡助农取款服务”及余额查询服务。助农取款机深入到没有物理网点的乡村，这一创新的服务渠道切实构建起了支农、惠农、便农的“支付绿色通道”，延展了金融服务的触角，解决了农村地区取款难的问题，对进一步提高“新农保”、“新农合”的覆盖率提供了支持保障。截至2012年末，邮储银行已建成银行卡助农取款服务点7.6万个，累计交易笔数超过347.8万笔，交易金额超过7.75亿元。

为解决广大农民最关注、最迫切的“养老难”和“看病贵”问题，党中央、国务院推出了“新农保”与“新农合”两大惠民工程。凭借沟通城乡的网络优势以及通畅迅达的技术优势，邮储银行与各级地方政府和相关部门密切协作，积极投身“新农保”、“新农合”金融服务工作。同时，邮储银行积极探索服务新模式，针对农村地域辽阔，人口分散等实际，创新了保费收缴、待遇发放等多种服务方式。截至2012年底，邮储银行有25个省（市）分行参与到“新农保”工作中，服务了全国约三分之一的试点县，累计代缴“新农保”3 000多万笔、代缴金额60多亿元，累计代发“新农保”2亿多笔、代发金额约217亿元，成为“新农保”服务参与度最高的金融机构。

在邮储银行“绿卡”品牌基础上，邮储银行坚持推荐技术升级与产品优化，先后推出了“绿卡通”、“福农卡”、“邮乐卡”等多元化卡支付品种，同时积极推进金融IC卡发行工作，不断增强银行卡服务功能，进一步拓宽服务领域，为城乡居民提供多层次、多元化零售金融服务的能力持续提升。截至2012年底，邮储银行全国绿卡交易量超过46亿笔，交易金额超过16万亿元。

为把握农村地区手机普及率迅速上升的发展趋势，邮储银行于2012年7月开通了专门针对农村用户的“汇易达”手机支付业务。用户可以在邮政村邮站、“三农”服务站和服务点商户处办理小额取现业务；可以办理行内汇款、跨行汇款和邮政特色汇款；可以实现农资款项的收取，还可办理查询、便民缴费等业务，真正让农民享受到便捷的支付结算服务。截至2012年底，邮储银行发展农村手机支付用户2 626户，交易笔数2万笔，交易金额近194万元。

（2）致力于创新农村金融产品

打通金融服务“三农”的渠道，还需开发出符合农村实际、有效服务县域经济发展的金融产品。建行伊始，邮储银行就致力于以小额贷款带动农村金融服务业务结构的整体创新与优化，围绕小额贷款做起了服务“三农”的大文章。邮储银行立足于城乡二元结构的国情，借鉴国际大型涉农金融机构的管理经验，将世界先进的小额贷款技术和其自身实践相结合，从体制、机制、产品和服务模式等多个层面入手，大力推行“一行一品”信贷模式，有效完善了涉农贷款产品体系，逐步实现由支持种养为主转向支持种养、加工、服务一体化产业，从支持简单耕种生产转向生产前、中、后配套全方位资金服务，从支持种养业转向务工、经商等多元经济服务，有效促进了农业转型和农民增收。在产品设计、队伍培养、风险控制等方面，不断地尝试和探索，有效地缓解“三农”贷款难题中“利益选择”和“金融排斥”两个关键矛盾。同时强化核算体系，确保服务“三农”效益的可测量、可验证、可持续。截至2012年底，邮储银行累计发放小额贷款突破1 000万笔、金额6 500多亿元，服务客户600多万户。邮储银行小额贷款业务的蓬勃发展，有效地激活了农村金融市场，打开了金融服务“三农”的新局面，取得了良好的经济效益和社会效益。

小额贷款业务的顺利开展，激励邮储人不断进行产品业务创新，优化农村金融服务产品结构。为适应市场需求，邮储银行积极推进涉农贷款产品要素差异化，以标准化产品为基础，在贷款期限、还款方式、贷款额度、贷款利率等多方面实行差异化管理；积极探索林权质押、农房抵押、设备抵押等非传统抵质押担保方式，并与专业农业担保机构开展业务合作，因地制宜地进行了多种形式的区域性产品创新。近年来，邮储银行陆续推出了“粮农宝”粮食直补资金担保贷款、烟农小额贷款、农房建设贷款、土地使用权抵押贷款、土地收益保证贷款、农场职工小额贷款、农机购置补贴贷款、渔船抵押贷款等一批创新涉农贷款产品，不断扩大对普通农户融资需求的支持范围。

2013年的中央一号文件将目光聚焦在了“创新农业生产经营体制”上。新型农业生产经营体制的建立，意味着农业生产集约化、规模化程度加深，这对农村金融服务的规模、体制机制的创新也提出了新的要求。对此，邮储银行深入研究现代化农业改革、新农村建设等关键领域的配套信贷产品与政策。目前，已针对“公司+农户”、“小企业+农户”、农村专业合作社等新型农业生产经营体制，设计了专项信贷产品与服务流程，并在北京、黑龙江、浙江等部分地区开展试点工作。例如，为加大对黑龙江农垦地区的融资服务力度，邮储银行为黑龙江地区定制开发了农场职工小额贷款、农场职工购房贷款以及钢结构大棚小额贷款等一系列独特的贷款产品。邮储银行黑龙江省分行已累计为当地农户、农场职工提供了60多亿元的贷款支持，本行在黑龙江地区农垦项目上的市场份额已超过60%。

另一方面，为多渠道支持农业生产企业融资需求，邮储银行以供应链金融业务为抓手，将信贷支持对象从现代农业及农业深加工大型企业扩展到产业链上的中小企业。截至2012年末，邮储银行已围绕85家核心企业开展供应链金融业务近170余笔。

邮储银行相关负责人表示，邮储银行今后还将进一步加强重点农产品行业、农产品市场的支持力度，以“公司+零售”、创新担保方式和

“三群三链”开发等商业模式为抓手，探索农民专业合作社、家庭农场和农业龙头企业等多种生产经营主体的综合金融服务，重点关注粮食与农副产品收储、农机销售与租赁服务、农场农垦地区信贷需求和现代化农业建设项目，选择符合信贷规律、具有较大潜在市场、符合基本信贷政策的业务，进行试点与开发。

(3) 致力于构建服务“三农”的新型人才培养机制

金融人才是金融事业发展的第一资源，发展农村金融离不开大量了解农业、理解农民、熟悉农村的应用型金融专业人才。自2009年起，邮储银行就将大学生“村官”的选聘培养工作作为本行的人才发展战略，在全国各类金融机构中，率先选拔、招聘任期届满的大学生村官。通过“邮储银行+大学生村官+农户”的工作模式，积极探索大学生“村官”人才培养新机制，最大限度地发挥这些村官熟悉农村情况、了解农民金融需求和信用状况的优势，将他们在基层的宝贵经验继续贡献于新农村建设，提升农村金融服务水平，改善农村金融环境。2012年，邮储银行新招聘大学生“村官”1 133名，累计招聘“村官”近3 000人，遍布全国25家分行，成为全国招聘“村官”时间最早、数量最多的金融机构。转岗邮储银行的大学生“村官”走上信贷员岗位，充实到基层支行，转岗不离土，离任不离民，从事金融支农工作，把邮储小额贷款送进千村万户。这种人才培养机制，拓展了“村官”就业新渠道，充实了邮储银行基层人才队伍，架起了金融机构和农户之间的桥梁，为提升邮储银行农村金融服务能力的多赢之举，更是一件利国、利民、利企的好事、实事。

(4) 致力于同业合作间接服务“三农”

在农村金融市场上，面对多元化、多层次的农村金融需求，任何一家金融机构都不可能“包打天下”。发展农村金融是一项系统工程，需要多方参与、形成合力。充分发挥商业性金融、政策性金融、合作性金融和其他金融组织的共同作用，广泛开展互补互利性合作，不仅可以取长补短，共同进步，而且可以极大地提高农村金融的供给能力和服务水平。印度工业信贷投资银行开展农村金融业务最大的成功之处，就是创建了一套以“间接合作”为特点的新业务模式。邮储银行始终坚持以开放的姿态发展农村金融，侧重加强与其他农村金融机构的合作，特别是注重把大银行的规模优势和专业优势与中小银行的灵活性和地缘优势有机结合起来，取得了明显成效。在资金市场上，邮储银行优先与农村金融机构开展资金交易，重点是农村的商业银行和农村信用社，还包括中国农业发展银行等政策性涉农金融服务机构，通过农村金融机构，间接地将邮政储蓄资金用于农村地区的发展。在项目贷款方面，我们积极与有关银行合作，通过参加银团贷款形式努力将大宗的资金批发投入到国家的“三农”重点工程、农村基础设施和农业综合开发等领域，在促进农村经济发展上发挥了应有的积极作用。

9.2　中国邮政储蓄银行的小额信贷实验

“三农”问题是困扰中国经济持续、快速和健康发展的主要“瓶颈”，其根本原因是农村地区缺乏足够的资金支持。现实的严峻性迫切需要我们进一步反思金融体制改革的经验和教训，其中重要的一条就是要将小额信贷的发展纳入整体金融发展战略，使之成为金融制度的重要组成部分，以解决长期以来中国农村地区的金融抑制问题。

中国邮政储蓄银行推出的小额信贷业务，一定程度上缓解了中国农民和微小企业贷款难问题，较好地填补了当前中国商业银行在农户和微小企业贷款市场的空白。中国邮政储蓄银行充分依托和发挥自身网络优势，对小额信贷业务进行了有益的探索和研究，开办小额贷款业务三年多来，取得了突飞猛进的发展。

9.2.1　中国邮政储蓄银行开展小额信贷业务的发展历程

2007 年 3 月，中国邮政储蓄银行正式成立。2007 年 6 月 22 日，中国邮政储蓄银行“好借好还”小额贷款业务在河南新乡长垣县启动试点，2007 年末共有七省试点开办。2008 年初开始全国推广。至 2008 年 6 月 24 日西藏分行开办业务，全国 31 个省（区、市）分行和 5 个计划单列市分行已全部开办小额贷款业务。截至 2010 年 10 月 16 日，小额贷款业务已覆盖全国所有地市和 2 100 个县市及主要的乡镇，4 500 多个网点已开办这项业务。今年的小额贷款发放量突破 1 000 亿元，发放金额较去年同期增长 41%，从业务开办至今，全国累计发放贷款近 400 万户、金额 2 300 多亿元，平均每笔贷款约 5.9 万元。中国邮政储蓄银行在县及县以下农村地区累计发放 1 500 多亿元，占全部小额贷款累计发放金额的 70%。中国邮政储蓄银行发放的近 2 300 亿元小额贷款，解决了全国

400 万户农户及小商户的生产经营资金需求问题，1 600 多万人从中受益。总体而言，中国邮政储蓄银行小额贷款业务发展已开始走向成熟，中国邮政储蓄银行实行的商业可持续发展小额贷款模式初步获得了成功，这将为中低收入人群、农村地区、个体商户、微型企业提供更好的持续的融资服务，进一步改善农村金融服务环境。

9.2.2 中国邮政储蓄银行开展小额信贷业务的优越性和可行性

科斯的交易费用理论认为：任何经济活动都会产生交易费用，交易费用通过直接影响经济活动的成本支出，进而对厂商和居民的经济决策产生重要影响。交易费用理论的产生为正规金融机构不愿为贷款额度小、居住分散的贫困群体提供信贷服务作出了理论解释。当前中国农村金融市场供给的严重不足在一定程度上也表明，只有有效地降低农村金融服务的交易成本，才能有效地破解农村金融难题。而新成立的中国邮政储蓄银行因为其自身的历史原因，在这方面有着其他金融机构无法比拟的优势。

①政策优势。2006 年中央一号文件《关于推进社会主义新农村建设的若干意见》中提到：扩大邮政储蓄资金的自主运用范围，引导邮政储蓄资金返还农村。银监会在批准中国邮政储蓄银行成立的文件中也指出，中国邮政储蓄银行的市场定位是：充分依托和发挥网络优势，完善城乡金融服务功能，以零售业务和中间业务为主，为城市社区和广大农村地区居民提供基础金融服务，与其他商业银行形成互补关系，支持社会主义新农村建设。中国邮政储蓄银行成立后，进一步加强了与中国农业发展银行、农村信用社等农村金融机构的合作，并积极完善条件，开办了针对普通农户的小额信贷、微小企业贷款等业务，探索了产业基金投资模式，实现了全方位地向“三农”和国家基础建设项目提供资金支持。

②网点优势。1986 年邮电部恢复开办邮政储蓄业务，经过 20 多年的发展，中国邮政储蓄银行现已建成覆盖全国城乡网点面最广、交易额最多的个人金融服务网络。目前，中国邮政储蓄银行拥有储蓄营业网点 3.6 万多个，居全国金融机构之首，而且最具特点的是，县及县以下的农村地区网点占到总数的 2/3 以上。在过去二十几年开办储蓄和汇兑业务积累了四亿多的客户，占全国人口比例接近三分之一。此外，众多的农村网点拉近了中国邮政储蓄银行与普通农户的距离，使其容易得到农

民的认可，在此基础上形成大量而稳固的客户群，为小额信贷业务开展提供了很大的渠道便利。

③资金优势。中国邮政储蓄银行的资金优势主要体现在资金来源的数量和资金运用的质量两个方面。截至2010年9月，中国邮政储蓄银行存款余额达到3万亿元，存款规模居银行业第五位，市场占有率达10%左右，其中农村地区市场份额估计在15%左右。此外，由于邮政储蓄长期以来“只存不贷”，储蓄存款全额转存央行，其资金周转灵活，变现能力强，几乎不存在资产风险或支付风险，与其他商业银行或农村信用社具有明显区别的是，中国邮政储蓄银行没有任何坏账之忧，没有历史包袱，可以轻装上阵。

④成本优势。邮政职工与当地居民有着密切和广泛的联系，可以有效地降低信息成本。信贷市场最重要的一个因素就是信息不对称所导致的道德风险，而邮政系统农村网点员工长期奋斗在农村基层第一线，邮递员、“三农”服务站工作人员以及提供种子化肥等物流配送的人员往往是走村串巷，对当地居民状况非常了解，并且在当地都具有一定的影响力。邮政系统近几年推行的“绿卡村”建设工程，利用基层网点的人员力量，对农村用户的家庭成员状况、所从事职业、收入状况等进行走访和建档，重点对农村“六大户”等做了详细的调查和分析，掌握了大量的第一手资料。这可以有效地降低放贷过程中的信息成本问题。

9.2.3　中国邮政储蓄银行开展小额信贷业务的具体业务模式

中国邮政储蓄银行小额贷款发展成功的关键在于走商业可持续发展之路，并且将国际先进小额信贷技术与中国特殊国情结合，探索出了自身独特的信贷技术。

①小额信贷的产品模式。

中国邮政储蓄银行小额信贷是面向农户和商户的贷款产品，其模式有以下几种：第一种，农户联保贷款。3到5名农户组成一个联保小组，无需其他担保，就可以向中国邮政储蓄银行申请贷款，每个农户的最高贷款额暂为5万元。第二种，农户保证贷款。需有1至2位（人数依据贷款金额而定）有固定职业和稳定收入的人做贷款担保人，每个农户最高贷款额暂为5万元。第三种，商户联保贷款。3名持营业执照的个体工商户或个人独资企业主组成一个联保小组，无需其他担保，每个商户的最高贷款额暂为10万元（部分地区为20万元）。第四，商户保证贷款。需有1至2位有固定职业和稳定收入的人做贷款担保人，就可以向中国邮政储蓄银行申请贷款，每个商户的最高贷款额暂为10万元（部分地区为20万元）。小额信贷的还款方式主要采取一次还本付息、等额本息还款和一年内还清的办法。

在综合考虑央行基准利率、资金成本、贷款损失风险、管理成本等因素的基础上，参照国际通行的小额贷款利率定价公式以及相应经验数据，中国邮政储蓄银行统一确定全国小额贷款利率下限为13.5%。借鉴印度尼西亚人民银行的成功经验，推出了对诚信客户按时还款的利息优惠政策（例如每按时还款五个月免第六个月利息），促进农民提高信用意识，免息后的优惠利率为11.88%。事实表明，这四种产品符合客户现状，较好地满足了市场需求。同时，中国邮政储蓄银行还根据市场的变化适当调整了产品要素，试点办理了烟农小额贷款、粮食直接补贴担保小额贷款等新业务，不断对小额贷款产品要素进行调整。

②垂直化的小额信贷管理体系。

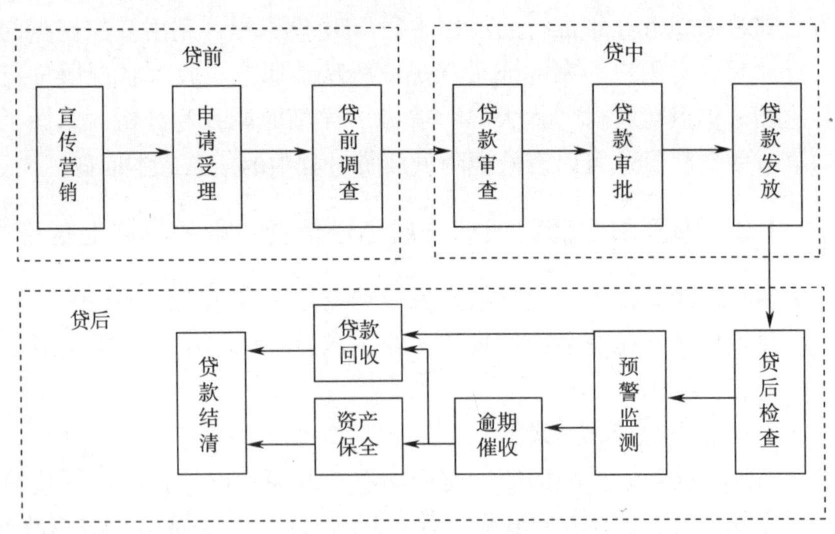

图9-1　中国邮政储蓄银行小额信贷管理体系

中国邮政储蓄银行小额信贷管理体系从上到下共设立五级机构，分别为：总行信贷业务部、一级分行信贷业务部、二级分行信贷业务部、一级支行信贷业务部和小额信贷营业部。每级机构设立相关的岗位并执行相应的职责。目前，小额信贷业务的办理主要集中在一级支行信贷业务部和小额信贷营业部这两个层级，一级支行以上的各级机构主要完成所辖地区的业务拓展、人员培训、监督检查等管理职能。小额信贷业务流程可划分为贷前处理、贷中处理、贷后处理三大部分。贷前处理包括：宣传与营销、贷前咨询、申请受理、贷前调查、调查报告；贷中处理包括：贷款审查、贷款审批、贷款发放；贷后处理包括：贷后检查、贷款预警监测、贷款回收、逾期贷款催收、资产保全等。每个环节涉及不同的岗位人员，包括：客户经理岗、信贷员岗、信贷业务主管岗、贷款审查岗、审贷会岗、贷款审批岗、资产保全岗、信贷会计岗、贷后检查岗、档案管理岗、一级支行信贷业务部主任等。因此，目前一笔小额信贷业务从申请到最终发放一般需要三天左右的时间。

③小额信贷业务的具体开展。

第一，市场调研。市场调研是小额信贷工作顺利推进的第一步。通过走访客户、与乡镇及村干部座谈、开展问卷调查等方式进行广泛的市场调查，详细了解当地经济和信贷市场状况，收集整理各行业资料，认真分析总结，在对市场定位和目标客户有了清晰认识的基础上，制定了科学合理的市场推广方案，提高了业务拓展的针对性。

第二，信贷员培训。培训分为理论和实践两大部分，采取白天授课、实践，晚上分组集中讨论的形式，理论培训结束后，所有参训人员分组到当地客户中间进行实践锻炼，分组到重点商业集中区、乡镇、村屯宣传“好借好还”小额信用贷款产品。商户贷款以个体工商户、独资企业业主、农户以种植、养殖业户为主要推介对象，通过电视宣传、广播宣传、发放宣传折页、条幅、宣传车、墙体广告等形式，结合春耕，详细向用户介绍中国邮政储蓄银行小额信贷产品。

第三，建立健全激励约束机制。为充分调动信贷人员的积极性和能动性，保持信贷人员旺盛的工作热情，需要制定相应的考核办法，完善了对信贷人员的考核激励机制和责任追究制。通过明确信贷从业人员工作中应该承担的责任和应得到的利益，调动了信贷人员的积极性，增强了信贷从业人员风险防范意识。信贷人员白天开展营销、贷前调查，晚上整理资料，连夜召开审贷会，大大缩短了放贷时间。

第四，重视行业研究和经验交流。行业研究是实现信息共享、提高调查效率的有效方式。对客户的经营项目按照贸易类、服务类和加工类进行数据分类，重点记录成本、毛利润率、主要设备、淡季旺季、经营特点及风险、生产流程等要素，并通过调查不断修正行业数据，逐步提高客户分析的准确率，对做大专业市场和区域特色化市场的信贷规模，起到了重要的作用。通过“早训晚会”和经验交流会制度加强经验交流。每天通过“早训”布置任务或组织学习；通过“晚会”总结工作，查找差距，弥补不足。另外，通过定期和不定期会议制度，积极培育典型，结合各地特色经济、特色产业、专业市场、商贸市场，塑造业务发展“样板”，并将典型经验在各地复制推广，通过典型带动加快发展。

第五，提倡“零售业务批量做”，提高贷款调查效率。一是根据当地实际，选择客户目标，首先选择种植、养殖户数较多、小型加工户集中、具有一定规模及种养殖经验、经营状况良好、需要扩大规模的、具有贷款需求的农户；二是选择村委班子团结、信誉环境良好、具有特色经济的村屯；三是利用村干部对农户了解程度高、信息对称的优势，通过村委成员及村民代表对贷款申请人进行信誉及家庭经济状况评分的办法，考察了解借款人经济收入及社会信誉状况，可以增加对客户还款意愿的掌握；四是采取集中受理、集中授信、集中调查、集中放款，提高调查效率，降低信贷风险，减少经营成本。

④强化内控管理机制防范业务风险。

第一，强化管理机制从源头控制小额信贷风险。小额信贷的客户分散、素质相对不高，基本上是靠信贷人员对客户的熟悉了解和艰辛调查来取得第一手的资料，必须有一套成熟的定量指标来确定和判断贷款风险的大小：一是多渠道收集信息，防范信用风险。对于客户的信用状况，建立了多渠道核实信息的制度，发挥邮政储蓄网络优势，所有客户的信用状况，在信贷员调查核实后，还必须通过邮储网点、村干部和熟人等进行二次核实，避免了信贷员调查的片面性。二是加强合规文化建设，提高信贷员的思想道德素质。要求信贷员自觉遵守“八不准”规定，不喝客户一口水、不吸客户一支烟，树立了邮政储蓄银行的良好形象。三是建立不良信用贷款黑名单通报制度。凡是上了黑名单的贷款户，一律禁止向其发放贷款，制止潜在风险贷款。

第二，强化监督机制提高小额信贷运行质量。一是建立贷款到期通报制度。通过对到逾期贷款的通报，促使贷户主动偿还贷款，到期不归还的，按照邮政储蓄银行相关罚则进行处罚，并记录不良信用记录，使得该客户以后贷款变难；二是借助外部力量，催收逾期贷款。对贷款逾期客户，除采取正常的催收手段外，还及时与地方政府和村干部沟通，讲明贷款逾期对以后该地区其他人申请贷款的影响，借助政府的力量，加强逾期贷款催收。

第三，加强检查监督。一方面，加强对各项制度规定执行落实情况的监督检查，强化员工的法律意识、风险意识，确保业务按章操作，依法经营。另一方面，针对有章不依、违规操作的现象，加大查处力度，并及时跟踪风险苗头，制定完善相应对策。另外，加强贷后管理。要求管户信贷员经常和客户沟通，按期完成贷后检查。业务部主任和贷后管理员不定期对信贷员贷后管理工作进行抽查，加强信贷业务内部监控。

9.2.4　中国邮政储蓄银行开展小额信贷业务的具体创新措施

①采取多种形式将资金投放到农村。

一是探索通过资金市场向农村地区金融机构提供批发性资金。截至2010年末，邮储银行与农村金融机构开展支农协议存款余额185.2亿元，认购农业发展银行债券余额451.95亿元。二是开展银团贷款加大支农力度。将大宗邮储资金批发投向国家“三农”重点工程、农村基础建设和农业综合开发等领域。截至2010年末，涉及农业用途的银团贷款余额34.1亿元。三是发展零售资产业务，资金直接反哺农村。2006年3月，开始开办存单小额质押贷款。截至2010年末，累计发放小额质押贷款122.11万笔、558.54亿元。2007年开始试点“好借好还”小额贷款业务，2008年6月，在全国31个省（自治区、直辖市）分行和5个计划单列市分行全部开办小额贷款业务。截至2010年末，邮储银行4 591个二级分行开办了小额贷款业务，在县及县以下地区累计发放小额贷款334.27万笔、1 885.03亿元，占全部小额贷款累计发放金额的69.43%。

②不断丰富涉农贷款产品。

邮政储蓄银行根据市场的变化适当调整贷款产品要素，不断推出新产品。开发了设施农业贷款、再就业小额担保贷款、烟农贷款等新产品。在县域开办了个人商务贷款业务。邮政储蓄银行还根据各地特色和资金需求，积极创新抵押方式，除房产抵押贷款外，还开办了林权抵押贷款、渔船和运输船抵押贷款、仓储房产（冷库）抵押贷款，即将开办农产品仓单、盐田抵押贷款等新产品。

9.2.5 政策建议以及后续发展方向

中国邮政储蓄银行小额贷款发展成功的关键在于走商业可持续发展之路，并且将国际先进小额贷款技术与中国特殊国情结合，探索出了自身独特的信贷技术。然而中国邮政储蓄银行要真正按照现代企业制度的要求，建设成为满足国民经济需要的现代化金融企业还有很长的路要走。中国邮政储蓄银行必须借鉴邮政储蓄改革的国际经验，与中国邮政体制改革、金融体制改革保持联动，在日益激烈的银行业竞争中不断提高核心竞争力。中国邮政储蓄银行成立后，虽取得了令人瞩目的成就，但由于长期“只存不贷”的经营模式，在中国邮政储蓄银行转向存贷均有的商业银行模式后，相应的经营管理、运行方式、风险防控、产品设计以及人员素质等方面还存在很多问题有待解决和完善。具体来说，要借鉴其他商业银行先进经验，尽快完善与农村信贷相关的内部控制制度、风险管理制度、绩效考核制度，建立整体的信贷信息管理系统，逐步建立规范发展的信贷制度和信贷文化；要加强业务创新，扩展业务品种，满足农村客户的多种金融服务需求；要加强对信贷从业人员的培训，不断提高小额信贷队伍的业务能力和服务水平。

(1) 坚定小额贷款业务的战略定位

尽管邮政储蓄银行小额信贷可持续发展存在着各种各样的制约因素，在实践中也面临不少现实挑战，但并不能因此而否定它在支持“三农”、提供农村金融服务和繁荣农村经济等多方面的积极意义，不能否定它强大的生命力和在农村有广阔的发展空间。邮政储蓄银行把小额贷款业务作为长期的核心战略性业务，是综合考虑其自身优势与市场需求的结果。一是符合邮政储蓄银行自身优势。邮政储蓄银行拥有遍布城乡的网点，覆盖面广，切入基层深，且经过多年的发展，已培养起了优秀的信贷队伍和一大批优质的小额贷款客户。二是契合邮政储蓄银行发展特点。小额贷款的市场潜力巨大，客户分散、风险也相对分散，与邮政储蓄银行的机构、人员能力匹配性较好，并可以有效避开在城市金融领域的同业激烈竞争，实现差异化经营和错位竞争。三是履行邮政储蓄银行的政治使命。发展小额贷款业务是邮政储蓄银行响应中央号召，支持社会主义新农村建设的需要，是邮政储蓄银行服务“三农”政治使命、构建和谐社会、实现“中国梦”的重要举措。

(2) 强化产品设计创新

小额贷款目标客户群体普遍缺乏有效的抵质押物，其资金需求具有“短、小、频、急”的特点，农户和个体工商户为典型代表。这些特点决定了小额贷款业务发展无法与抵押类贷款形成规模对比，市场饱和程度比抵押类贷款更容易达到。在这种情况下，特别是随着通过简单追求客户数量增加来实现规模经济发展的传统粗放式发展模式终结，邮政储蓄银行更应考虑在现在客户数量下挖掘更多客户效益，不仅要充分考虑目标客户的这些特点，更要在贷款用途、贷款额度、贷款期限、利率、还款方式、担保方式等产品要素设计上给予相关体现。诸如在贷款额度、贷款期限以及利率方面，随着市场环境变化，业务水平的不断提高，邮政储蓄银行完全可以采取差异化的调整策略，适度提升农户单笔贷款规模、延长贷款期限，并根据客户综合贡献度来实现小额贷款产品利率动态调整，满足市场各类主体日益多样化、个性化的融资需求。在继续推行标准化的产品同时，也可逐渐在各地推行因地制宜的特色产品，并通过针对特定目标市场建设特色支行，精耕细作经办小额贷款业务。

(3) 推进全面风险管理体系建设

从事小额信贷业务，与一般商业银行业务相比，存在三个显著风险特点：一是极易形成信用风险。由于服务群体主要是轻资产的农户，这类群体不仅缺少抵押品，而且往往信用记录也存在缺失，信用意识淡薄，使得传统信用评估方法失效。二是容易出现经营风险。对于面向农村的普惠金融业务而言，由于农业、农村经济作为高风险、低效益的弱质经济，在农业政策性保险严重缺乏的情况下，农民作为弱势群体，受到自然条件和市场条件的严重制约。三是容易导致操作风险。村镇等基层网点一般工作人员在当地招聘，业务素质不高，合规操作意识差，再加上内部控制制度薄弱，业务操作流程相互制衡的规章制度形同虚设。为有效解决小额信贷业务发展风险高、风险难以管理的问题，邮政储蓄银行应秉承“研究风险先于业务开办，实现风险管理与业务发展的平行推进”的指导思想，从文化建设、信贷技术、人员管理、合规建设、系统支撑以及社会金融生态环境建设等方面，全面做好小额信贷的风险控制。

(4) 建立健全激励约束机制

小额贷款是人力资源密集的行业，信贷人员的考核激励政策至关重要。科学激励是开拓市场的保证，是推动业务发展的动力。对于邮政储蓄银行而言，小额信贷业务的激励政策，应体现出四个特点：一要坚持好导向性。激励政策要体现邮政储蓄银行战略定位与业务发展的导向性。二要把握好阶段性。不同发展阶段采取不同的激励政策，提高激励政策的实效性和针对性。三要掌握好适度性。激励不足难以达到预期作用，激励过度负面影响也大，避免激励过度短期化。四是兼顾好多样性。兼顾绩效奖金等物质激励、上级赞誉与肯定等精神激励、发展空间与机会、短期与长期激励结合的多样化措施。对于责任追究，应重在妥善解决存在的风险隐患，树立合规经营理念，建设健康信贷文化。在明确奖惩和责任追究的同时，要稳定员工队伍，提升专业素养，邮政储蓄银行还需完善规范性的培训体系建设，注重员工对客户识别、客户还款能力评估和与客户沟通方面的培训。

(5) 构建管理信息系统

一个机构能否及时、准确、有效地获取其贷款、收入和成本方面的信息，往往是其发展道路上的重要制约因素之一。管理信息系统是可持续微型金融经营的核心要素，更是小额信贷业务可持续发展的基石。与同业金融机构相比，邮政储蓄银行急需建设两套信息系统。一是客户综合贡献度查询系统。客户是现代商业银行实现可持续发展的重要资源，缺少专业的客户管理系统，造成前、中、后台的客户资源信息不对称，无法及时发现客户的服务需求，不利于通过历史数据挖掘实现产品定向营销和交叉销售，更难以获取客户的综合贡献度评分，并按评分情况实现浮动利率定价，从而给存量优质客户维护带来难度；二是建立微型金融业务的成本与收益实行独立核算系统，小额信贷业务发展得怎么样?关键还是要看业务发展业绩。从调查问卷反馈的情况来看，多家二级分行并不能对小额信贷业务的成本费用进行有效核算，而是与个商贷款等业务混在一起，不仅导致绩效考核出现误差或失真，也不利于对成本的有效管理和控制。

(6) 促进传统金融与互联网金融的有机融合

微型金融发展得好不好，关键是看能否在实现服务广覆盖的同时，有效降低营运成本。互联网金融具有交易成本低、覆盖范围广、服务效率高等先天优势，与发展微型金融高度契合。在发展微型金融的进程中，邮政储蓄银行尤其应注重将互联网金融与传统金融的发展有机融合起来，两者之间并不存在一个简单的、非此即彼的互斥关系，二者的融合发展才是未来的大势所在。从技术角度，互联网金融利用新的技术条件完善了传统金融体系的功能，展示出与旧有模式不同的高效率。邮政储蓄银行可以借鉴并应用互联网金融的技术路线和组织模式，并通过与互联网金融机构开展合作，实现自身发展的转型升级。

10 结论与展望

10.1 本书的主要研究结论

由于金融供需不均衡，在中国广大农村地区存在明显的金融抑制现象，金融抑制问题的存在既导致大量农村资金外流又形成了农民贷款难问题，已极大地束缚了中国农村经济的健康发展。

从国际相关经验看，金融深化改革是解除中国农村金融抑制的根本路径。然而，中国农村金融深化进程却相当滞后。本书定性分析与实证检验均表明，中国农村金融发展水平远远落后于全国整体水平，在中国广大农村地区，存在严重的金融抑制现象，金融抑制已经阻碍了中国广大农村地区的经济发展，更是制约农村经济增长的重要因素，农村金融需求多样化与农村金融供给不足之间的矛盾，是导致中国农村金融抑制长期存在并不断深化发展的根本原因。金融与经济增长的实证分析同时也表明：农村金融发展与农村经济增长存在正相关关系。农村金融中介通过两条路径影响实体经济：一是金融中介可以通过信贷投放使储蓄转化为投资，从而促进经济增长；二是金融中介机构增长，竞争加剧，运行效率提高，融资渠道增多，通过提供多样化、个性化的金融服务来推动经济增长。综合来看，建议采取“需求追随”和“供给优先”混合模式推进中国农村金融深化改革。

在中国农村金融供给与需求双重不足以及供需矛盾异常突出的实际情况下，农村金融体制改革需要把握农村金融需求的特点，在发挥现有农村政策性金融作用的基础上，针对存在的具体现实问题，借鉴国际相关经验，鼓励金融创新，以便形成多种形式的金融机构并存、功能互补、适度竞争、可持续发展的现代农村金融组织体系。只有这样，才能真正解决农民贷款难问题，并从根本上解除农村金融抑制问题，从而创建营造良好金融环境，实现并促进农村经济健康发展。

本书的主要研究结论归结如下：

（1）在农村地区，中国存在严重的金融抑制现象。通过对中国农村经济金融化程度的深入分析和比较，本书研究发现：虽然农村经济货币化和金融化程度随着农村经济总量的增长在不断提高，但是无论与中国国民经济金融化整体对比，还是与中国城镇金融的发展程度相比，中国农村经济金融化发展水平明显滞后，存在明显的金融抑制现象。金融抑制现象主要表现在如下四个方面：第一，农村金融结构呈现明显的“双重二元结构”；第二，农村金融体系畸形发展严重；第三，农村金融市场发展不够全面；第四，农村贷款利率市场化步伐受阻，贷款利率水平不能真实体现出中国农村金融市场资金供求状况。

（2）金融抑制阻碍了中国广大农村地区的经济发展，是制约经济增长的重要因素。本书基于对农村经济增长与金融发展理论的梳理，从两个方面分析了中国农村经济增长与中国农村金融发展之间的关系，一是定性分析，通过横向和纵向两个角度考察农村经济货币化、金融化程度，对中国农村金融发展整体水平做了定性分析，即中国农村金融发展水平与整体金融发展、城市金融发展水平之间存在较大的差距；二是定量分析，本书试图通过计量模型实证分析农村经济增长与农村金融发展之间的量化关系，实证结论是：中国农村经济货币化与中国农村经济增长之间存在正相关，进一步得出，当前中国农村金融深化程度的不足是制约中国农村经济增长的关键所在。

（3）农村金融需求多样化与农村金融供给不足之间的矛盾，是导致中国农村金融抑制长期存在并不断深化发展的根本原因。基于对中国农村金融市场需求方——农户、乡镇企业和乡村两级政府的角度分析，本书发现中国农村的金融抑制现象已经十分严重。然而金融抑制的解除并非只是放弃金融管制以及推行利率市场化的简单操作，还应具备相应的宏观、微观经济环境和基础。就微观经济主体而言，由于农业自身的弱质性隐含很大的风险，以及农村市场中很大一部分贷款需求是无效的，综合成本、收益以及经营风险等因素考虑，导致农村市场中正规金融无法满足农村金融市场的资金实际需求。首先，从需求角度看，农村金融深化不足说明：农户和农村企业对农村正规金融机构的资金需求被严重抑制。由于农村正规金融机构不能满足农村的多样化、多层次的资金需求，只能被逼从农村非正规金融机构获得资金。其次，从供给角度看，金融深化不足说明农村金融组织体系的功能性缺陷以及农村金融工具单一，提供的融资渠道狭窄，风险缓释工具和避险工具缺失严重。

(4) 农村金融抑制的解除，必须深化农村金融，借鉴国际相关经验，通过构建多元化的农村金融组织体系，鼓励农村金融创新来解决，如促进村镇银行发展以及推广小额信贷业务等。关于农村金融抑制问题，国外学者罗纳德·麦金农和爱德华·肖都主张通过金融深化途径来解决，即减少国家对现有农村金融体系和农村金融市场的过度行政干预，通过推动金融交易增加，强调货币深化和金融机构的多样化，从而实现在市场竞争机制下对农村资金资源的更有效配置。从国际经验比较来看，国外农村金融市场之所以能够实现可持续发展，关键是各国均基于本国国情，构建了一个各机构职责明确、功能互补且相互配合的多层次农村金融组织体系。随着农村经济活动市场化程度的加深，农村经济主体经营的多元化和多样化表现出对金融商品需求的多样性特征。但是，农村金融组织现行体系却不够完善，政策性金融机构、商业性金融机构以及合作性金融机构的职能远没有发挥出来，各组织分工协作各司其职，缺乏有效配合。此外，在农村金融市场发展方面也表现出种种不足，各种非银行金融机构寥寥无几，有效的金融融资工具和风险缓释工具非常有限，金融抑制状况异常突出。因此，要对现有中国农村金融组织体系实行金融深化改革，就必须调整现有农村金融组织体系的功能定位，使其将业务重点转移到农村中来，并在此基础上，规范并大力发展农村非正规金融，逐步培育各种非银行金融组织，如农村保险、农村证券、农村信托等，打破现有垄断格局，促进农村金融市场竞争机制形成，增加有效金融工具的品种。建立一个多元化、多层次的农村金融机构组织体系。

10.2 研究展望

对于下一步的研究工作，笔者设想，应从如下方面进行拓展和努力：

(1) 本书所提出的政策建议有待实证检验。需要广泛调查研究，深入实际工作，通过对第一手资料的获得和把握，深入分析、验证本书所提各项政策建议的可行性、操作性和有效性，从而有针对性地不断完善修正。

（2）如何规范发展农村非正规金融。除了正规农村金融机构，广大农村地区的确还存在很多的非正规金融机构，如何引导农村地区非正规金融机构发展也是迫切需要研究的问题。由于当前农村地区金融供给的严重不足，多样化的金融需求无法得到满足，资金需求者不得不通过非正规金融市场途径寻求资金支持。

（3）如何加快农村利率市场化进程。从微观层面上看，农村金融服务成本高是由农村和农业的弱质性决定的，因此需要较高的利率才能使农村金融机构规避高风险并获得可持续经营和发展，对普通农户和微小企业来说，重要的是融资渠道的方便、快捷、可靠，一般对利率并不是十分敏感，因此继续对农村地区利率进行管制，会进一步加剧农村地区的信贷供给不足。

参考文献

[1] Abu - Bader, & Abu - Qarn, A. S. (2008). Financial development and economic growth: The Egyptian experience. Journal of Policy Modeling, 30, 887 - 898.

[2] Allen, F., Qian, J., & Qian, M. (2005). Law, finance, and economic growth in China. Journal of Financial Economics, 77, 57 - 116.

[3] Amable, B., & Chatelain, J. B. (2001). Can financial infrastructures foster economic development? Journal of Development Economics, 64, 481 - 498.

[4] Arestis, P., & Demetriades, P. (1997). Financial development and economic growth: Assessing the evidence. Economic Journal, 107, 783 - 799.

[5] Barro, R. J., & Sala - i - Martin, X. (1999). Economic growth. Cambridge, Massachusetts 7 MIT Press.

[6] Beck, T. (2002). Financial development and international trade: Is there a link? Journal of International Economics, 57, 107 - 131.

[7] Beck, T., & Levine, R. (2004). Stock markets, banks, and growth: Panel evidence. Journal of Banking and Finance, 28, 423 - 442.

[8] Beck, T., Levine, R., & Loayza, N. (2000). Finance and the sources of growth. Journal of Financial Economics, 58, 261 - 300.

[9] Bell, C., & Rousseau, P. L. (2001). Post - independence India: A case of finance - led industrialization? Journal of Development Economics, 65, 153 - 175.

[10] Bencivenga, V. R., & Smith, B. D. (1991). Financial intermediation and endogenous growth. Review of Economic Studies, 58,

195 – 209.

[11] Bencivenga, V., Smith, B., & Starr, R. (1995). Transaction costs, technological choice and endogenous growth. Journal of Economic Theory, 67, 153 – 177.

[12] Benhabib, J., & Spiegel, M. M. (2000). The role of financial development in growth and investment. Journal of Economic Growth, 5, 341 – 360.

[13] Berthelemy, J. C., & Varoudakis, A. (1996). Economic growth, convergence clubs, and the role of financial development. Oxford Economic Papers, 48, 300 – 328.

[14] Borensztein, E., & Ostry, D. J. (1996). Accounting for China's growth performance. American Economic Review, 86, 224 – 228.

[15] Caldero'n, C., & Liu, L. (2003). The direction of causality between financial development and economic growth. Journal of Development Economics, 72, 321 – 334.

[16] Campbell, J. Y., & Perron, P. (1991). Pitfalls and opportunities: What macroeconomists should know about unit roots. In O. J. Blanchard, & S. Fisher (Eds.), NBER Macroeconomics Annual (pp. 141 – 201). Cambridge, MA7 MIT Press.

[17] Chandavarkar, A. (1992). Of finance and development: Neglected and unsettled questions. World Development, 22, 133 – 142.

[18] Chen, B. Z., & Feng, Y. (2000). Determinants of economic growth in China: Private enterprise, education, and openness. China Economic Review, 11, 1 – 15.

[19] Chen, C. H. (2002). Interest rates, savings and income in the Chinese economy. Journal of Economic Studies, 29, 59 – 73.

[20] Cheung, Y. W., & Lai, K. S. (1993). Finite – sample sizes of Johansen's likelihood ratio tests for cointegration. Oxford Bulletin of Economics and Statistics, 55, 313 – 328.

[21] Chow, G. C. (1993). Capital formation and economic growth in China. Quarterly Journal of Economics, 108, 809 – 842.

[22] Chow, G. C., & Li, K. W. (2002). China's economic growth:

1952 - 2010. Economic Development and Cultural Change, 51, 247 - 256.

[23] Christopoulos, D. K., & Tsionas, E. G. (2004). Financial development and economic growth: Evidence from panel unit root and cointegration tests. Journal of Development Economics, 73, 55 - 74.

[24] Deidda, L., & Fattouh, B. (2002). Non - linearity between finance and growth. Economics Letters, 74, 339 - 345.

[25] Demetriades, P. O., & Hussein, K. A. (1996). Does financial development cause economic growth? Time - series evidence from 16 countries. Journal of Development Economics, 51, 387 - 411.

[26] Fase, M., & Abma, R. (2003). Financial environment and economic growth in selected Asian countries. Journal of Asian Economic, 14, 11 - 21.

[27] Goldsmith, R. W. (1969). Financial structure and development. New Haven, Yale Univ. Press.

[28] Greenwood, J., & Jovanovic, B. (1990). Financial development, growth, and the distribution of income. Journal of Political Economy, 98, 1076 - 1107.

[29] Greenwood, J., & Smith, B. (1997). Financial markets in development and the development of financial market. Journal of Economic Dynamic and Control, 21, 145 - 181.

[30] Gregorio, J., & Guidotti, P. E. (1995). Financial development and economic growth. World Development, 23, 433 - 448.

[31] Gupta, K. L. (1987). Aggregate savings, financial intermediation, and interest rate. Review of Economics and Statistics, 69, 303 - 311.

[32] Hakkio, C. S., & Rush, M. (1991). Cointegration: How short is the long - run? Journal of International Money and Finance, 10, 571 - 581.

[33] Hall, S. G., & Milne, A. (1994). The relevance of p - star analysis to UK monetary policy. Economic Journal, 104, 597 - 604.

[34] Hamilton, J. D. (1994). Time series analysis. Princeton, N. J. Princeton University Press.

[35] Heston, A. (1994). A brief review of some problems in using national accounts data in level of output comparisons and growth studies. Journal

of Development Economics, 44, 29 -52.

[36] Hsueh, T., & Li, Q. (1999). China's National Income, 1952 - 1995. Boulder West - view Press.

[37] Johansen, S. (1988). Statistical analysis of Cointegration Vector. Journal of Economic Dynamics and Control, 12, 231 -254.

[38] Johansen, S. (1991). Estimation and hypothesis testing of cointegration vectors in Gaussian vector autoregressive models. Econometrica, 59, 1551 -1580.

[39] Johansen, S., & Juselius, K. (1992). Testing structural hypothesis in a multivariate cointegration analysis of the PPP and UIP for UK. Journal of Econometrics, 53, 211 -244.

[40] Kasa, K. (1992). Common stochastic trends in international markets. Journal of Monetary Economics, 29, 95 -124. King, R. G., & Levine, R. (1993). Finance and growth: Schumpeter might be right. Quarterly Journal of Economics, 108, 717 -737.

[41] Kwiatkowski, D., Phillips, P., Schmidt, P., & Shin, Y. (1992). Testing null of stationary of against the alternative of a unit root. Journal of Econometrics, 54, 159 -178.

[42] Levine, R. (2002). Bank - based or market - based financial systems: Which is better? Journal of Financial Intermediation, 11, 398 -428.

[43] Levine, R., Loayza, N., & Beck, T. (2000). Financial intermediation and growth: Causality and causes. Journal of Monetary Economics, 46, 31 -77.

[44] Lewis Jr., R. E. (1955). The Theory of Economic Growth. London George Allen and Unwin.

[45] Lucas Jr., R. E. (1988). On the mechanics of economic development. Journal of Monetary Economics, 22, 3 -42.

[46] Luintel, K. B., & Khan, M. (1999). A quantitative reassessment of the finance - growth nexus: Evidence from a multivariate VAR. Journal of Development Economics, 60, 381 -405.

[47] McKinnon, R. I. (1973). Money and capital in economic development. Washington, DC Brookings Institution.

[48] Nelson, C. R., & Plosser, C. (1982). Trends and random walks in macroeconomic time series: Some evidence and implications. Journal of Monetary Economics, 10, 139 - 162.

[49] Odedokun, M. O. (1996). Alternative econometric approaches for analyzing the role of the financial sector in economic growth: Time - series evidence from LDCs. Journal of Development Economics, 50, 119 - 146.

[50] Osterwald - Lenum, M. (1992). A note with quantiles of the asymptotic distribution of the ML cointegration rank tests statistics. Oxford Bulletin of Economics and Statistics, 54, 461 - 472.

[51] Park, A., & Sehrt, K. (2001). Tests of financial intermediation and banking reform in China. Journal of Comparative Economics, 29, 608 - 644.

[52] Patrick, H. T. (1966). Financial development and economic growth in undeveloped countries. Economic Development and Cultural Change, 14, 174 - 189.

[53] Perkins, D. H. (1988). Reforming China' s economic system. Journal of Economic Literature, 26, 601 - 645.

[54] Pesaran, M. H., & Shin, Y. (2002). Long - Run structural modeling. Econometric Reviews, 21, 49 - 87.

[55] Pesaran, M. H., & Smith, R. (1995). Estimating long - run relationships from dynamic heterogeneous panels. Journal of Econometrics, 68, 79 - 113.

[56] Quah, D. (1993). Empirical cross - section dynamics in economic growth. European Economic Review, 37, 613 - 622.

[57] Rioja, F., & Valev, N. (2004). Does one size fit all? A reexamination of the finance and growth relationship. Journal of Development Economics, 74, 429 - 447.

[58] Robinson, J. (1952). The rate of interest and other essays. London Macmillan.

[59] Schumpeter, J. A. (1911). The theory of economic development. Cambridge, MA7 Harvard Univ. Press.

[60] Shaw, E. S. (1973). Financial deepening in economic develop-

ment. New York Oxford Univ. Press.

[61] Wang, Y., & Yao, Y. (2003). Sources of China's economic growth 1952 - 1999: Incorporating human capital accumulation. China Economic Review, 14, 32 - 52.

[62] Wickens, R. W. (1996). Interpreting cointegrating vectors and common stochastic trends. Journal of Econometrics, 74, 255 - 271.

[63] Wu, Y. R. (2000). Is China's economic growth sustainable? A productivity analysis. China Economic Review, 11, 278 - 296.

[64] Yu, Q. (1998). Capital investment, international trade and economic growth in China: Evidence in the 1980 - 90s. China Economic Review, 9, 73 - 84.

[65] 安翔. 农民收入增长缓慢的深层原因. 技术经济, 2004 (1): 30 - 31.

[66] 安翔. 县域金融重构——对当前农信社改制的思考. 技术经济, 2004 (6): 72 - 73.

[67] 白钦先, 郭纲. 关于中国政策性金融理论与实践的再探索. 财贸经济, 2000 (10): 21 - 26.

[68] 宾国强. 实际利率、金融深化与中国的经济增长. 经济科学, 1999 (3): 32 - 38.

[69] 卞志村, 毛泽盛. 农村金融发展的范式转变及对新农村建设的启示. 经济社会体制比较, 2007 (5): 61 - 65.

[70] 蔡则祥. 中国农村金融组织体系的完善与创新. 农业经济问题, 2002 (4): 22 - 28.

[71] 曹力群. 当前中国农村金融市场主体行为研究. 金融论坛, 2001 (5): 6 - 11.

[72] 曹力群. 农村金融改革与农户借贷行为研究. 中国农村研究报告, 2000, 244 - 264.

[73] 曹晨光. 农村金融供给: 一个基于制度经济学的分析视角. 金融理论与实践, 2007 (8): 67 - 70.

[74] 陈建华, 张显球. 存款保险制度: 道德风险及定价策略——国外文献综合述评. 金融研究, 2000 (5): 113 - 117.

[75] 窦晴身. 中国金融深化的实际状况——基于政府与金融关系

的考察. 财经问题研究，2001 (7)：49 –53.

[76] 杜晓山. 农村金融体系框架，农村信用社改革和小额信贷. 中国农村经济，2002 (8) ：4 –9.

[77] 范恒森. 转变农村经济增长方式的金融问题研究. 金融与经济，1997 (2)：33 –37.

[78] 范小云，郭步超. 工业后发地区金融抑制研究：以中西部五省区为例. 经济问题，2009 (7)：88 –91.

[79] 冯兴元，何广文. 农村金融为何不姓“农”. 中国改革，2003 (8)：68 –71.

[80] 弓劲梅. 论存款保险中的道德风险. 南开经济研究，2001 (4)：49 –55.

[81] 顾江. 中国农业保险的问题及对策探讨. 农业经济问题，2000 (12)：21 –23.

[82] 国福春. 中国开展贷款保险制度的可行性分析. 浙江金融，2003 (6)：38 –39.

[83] 高晓燕. 基于供给视角的农村金融改革. 财经问题研究，2007 (11)：59 –63.

[84] 韩俊. 中国农村经济改革与发展的新阶段与新思路. 中国农村经济，1999 (5)：4 – 11.

[85] 韩俊. 推进农村金融体制的整体改革. 中国金融. 2003 (17)：16 – 17.

[86] 韩廷春. 金融发展与经济增长——基于中国的实证分析. 经济科学，2001 (3)：31 –40.

[87] 何琳，廖东声. 农村金融抑制的考证. 农村经济，2007 (7)：59 –61.

[88] 邵赤平. 构建中国存款保险制度的基本设想. 保险研究，2000 (6) ：7 –8.

[89] 何广文. 从农村居民资金借贷行为看农村金融抑制与金融深化. 中国农村经济，1999 (10)：42 –48.

[90] 何广文. 合作金融组织的制度性绩效探析. 中国农村经济，1999 (2)：36 –41.

[91] 何广文. 中国农村金融供求特征及均衡供求的路径选择. 中国

农村经济，2001（10）：40－45.

［92］何广文，冯兴元，李莉莉．农村信用社制度创新模式评析．中国农村经济，2003（10）：37－43.

［93］何广文，欧阳海洪．把握农村金融需求特点完善农村金融服务体系．中国金融，2003（11）：14－16.

［94］何广文．农村金融供给与需求之间的五大不对称．经济研究参考，2003（63）：33－33.

［95］胡坚．香港存款保险制度建立的争议及对内地银行业的启示．经济科学，2001（4）：73－78.

［96］黄燕君．对农村金融组织创新的思考．农业经济，2001（9）：40－41.

［97］黄燕君．现有农村金融组织缺陷及创新．农村金融研究，2001（4）：20－22.

［98］黄季焜，马恒运．从资金流动看改革20年农业的基础作用．改革，1998（5）：72－83.

［99］黄卫红．中国农村融资问题与金融抑制、金融深化关系研究．农村经济，2006（5）：71－73.

［100］姜长云．农村金融制度对农业结构调整的不适应性及其制度根源．产业经济研究，2003（5）：13－19.

［101］姜长云．从农村资金外流看邮政储蓄制度改革．中国金融，2003（23）：38－39.

［102］柯炳生．美国农业风险管理政策及启示．世界农业，2001（1）：11－13.

［103］李炳涛．金融深化的阶段性特征及对中国的制度要求．中央财经大学学报，1999（7）：40－44.

［104］李剑阁，韩俊．解决中国新阶段“三农”问题的政策思路．调查研究报告．2003（179）：1－31.

［105］李芸，汪三贵．中国农村金融机构经营状况与制度创新．农业经济问题，2002（7）：16－19.

［106］李广众，王美今．金融中介发展与经济增长：中国案例研究与国际比较．统计研究，2003（1）：29－34.

［107］李广众，陈平．金融中介发展与经济增长：多变量VAR系统

研究．管理世界，2002（3）：52－59.

［108］李广众．银行、股票市场与长期经济增长：中国的经验研究与国际比较．世界经济，2002. 25（9）：57－62.

［109］李锐，朱喜．农户金融抑制及其福利损失的计量分析．经济研究，2007（2）：146－155.

［110］刘福毅，邹东海．从金融抑制到政策导向型金融深化：农民增收的金融支持研究．金融研究，2004（12）：128－134.

［111］刘克固，张桂文．中国“三农”问题的战略思考与对策研究．管理世界，2003（5）：67－76.

［112］刘宽．中国农业保险的现状、问题及对策．中国农村经济，1999（10）：53－56.

［113］刘明志．中国的GDP（1980～2000）：趋势、水平和影响因素．经济研究，2001（2）：3－12.

［114］刘笑萍．系统性风险、道德风险与存款保险制度．金融研究，2002（12）：94－100.

［115］刘祚祥．农户的逆向淘汰、需求型金融抑制与中国农村金融发展．经济问题探索，2007（4）：134－138.

［116］陆磊．以行政资源和市场资源重塑三层次农村金融服务体系．金融研究，2003（6）：106－114.

［117］孟猛．金融深化和经济增长间的因果关系——对中国的实证分析．南开经济研究，2003（1）：72－74.

［118］米建国，李建伟．中国金融发展与经济增长关系的理论思考与实证分析．管理世界，2002（4）：23－30.

［119］史清华，陈凯．欠发达地区农民借贷行为的实证分析——山西745户农民家庭的借贷行为的调查．农业经济问题，2002（10）：29－35.

［120］宋宏谋，陈鸿泉，刘勇．中国农村金融区域发展程度实证分析．金融研究，2002（8）：111－119.

［121］谈儒勇．中国金融发展和经济增长关系的实证研究．经济研究，1999（10）：53－61.

［122］度国柱，李军，王国军．外国农业保险立法的比较与借鉴．中国农村经济，2001（1）：32－35.

[123] 度国柱，李军．中国农业保险试验成就矛盾及出路．金融研究，2003 (9)：88-98.

[124] 皮立波，度国柱．建立农业政策性保险制度迎接 WTO 的挑战．中国农村经济，2000 (5)：49-53.

[125] 皮建才．发展战略、技术选择与金融抑制．当代经济科学，2007 (5)：53-57.

[126] 汤志江，康绍大．河北农村金融改革与支持新农村建设研究．宏观经济研究，2007 (8)：59-63.

[127] 彭红利．金融抑制背景下农村金融体系的重构．农村经济，2007 (2)：53-56.

[128] 万广华，史清华，汤树梅．转型经济中农户储蓄行为中国农村的实证研究．经济研究，2003 (2)：181-201.

[129] 王俊芹，夏吉云，王淑珍．农户视角的农村信用社融资约束分析：基于河北省的实证调研．农村经济，2009 (7)：67-70.

[130] 谢平．中国农村信用合作社体制改革的争论．金融研究，2001 (1)：1-13.

[131] 谢平，陆磊．金融腐败：非规范融资行为的交易特征和体制动因．经济研究，2003 (6)：3-13.

[132] 徐璋勇，王红莉．基于农户金融需求视角的金融抑制问题研究：来自陕西 2098 户农户调研的实证研究．西北大学学报（哲学社会科学版），2009 (5)：47-54.

[133] 许玉晓，王家传．中国农业信贷制度构建：基于金融抑制理论的分析．金融理论与实践，2007 (9)：13-15.

[134] 严敏．境内外人民币即远期市场间联动与定价权归属．《中国科学技术大学博士论文》，2010.

[135] 易纲．中国货币的供求与通货膨胀．经济研究，1995 (5)：51-58.

[136] 殷本杰．金融约束：新农村建设的金融制度安排．中国农村经济，2006 (6)：38-42.

[137] 王国华，李克强．论中国农村金融抑制与金融制度创新．中央财经大学学报，2006 (5)：27-33，46.

[138] 曾康霖．中国农村金融模式的选择．金融研究，2001 (10)：

32 - 41.

[139] 曾康霖．央行铸币税与财政赤字弥补．金融研究，2002 (9)：1 - 6.

[140] 张杰．何种金融制度安排更有利于转轨中的储蓄动员与金融支持．金融研究，1998 (12)：14 - 21.

[141] 张杰．渐进改革中的金融支持．经济研究，1998 (10)：51 - 56.

[142] 张杰．中国体制外增长中的金融安排．经济学家，1999 (2)：41 - 43.

[143] 张杰．转轨经济中的金融中介及其演进：一个新的解释框架．管理世界，2001 (5)：90 - 100.

[144] 张杰．民营经济的金融困境与融资次序．经济研究，2000 (4)：3 - 10.

[145] 张晓山，何安耐．关于农村金融体制改革的几点思考．农业经济问题，2002 (9)：41 - 45.

[146] 张元红．农民的金融需求与农村的金融深化——以湖北汉川福星村为例．中国农村观察，1999 (5)：43 - 59.

[147] 张元红，李静，张军、从合作基金会事件看中国农村金融改革与发展．中国农村经济，2002 (8)：10 - 19.

[148] 周业安．金融抑制对中国企业融资能力影响的实证分析．经济研究，1999 (2)：13 - 20.

[149] 周家龙．农村金融发展中的主要矛盾与协调发展．中国金融，2009 (23)：43 - 44.

[150] 周天芸，陈平．广东县域金融发展的抵押制约因素分析．南方金融，2007 (11)：25 - 27.

[151] 周立，王子明．中国各地区金融发展与经济增长实证分析：1978 ~ 2000. 金融研究，2002 (10)：1 - 13.

[152] 朱守银，张照新，张海阳，汪承先．中国农村金融市场供给和需求——以传统农区为例．管理世界，2003 (3)：88 - 95.

[153] 朱守银，张照新．南海市农村股份合作制改革实验研究．中国农村经济，2002 (6)：43 - 47.

[154] 祝晓平．论商业性农村金融机构的适度规模．金融研究，

2003 (9): 121 - 129.

[155] 赵志刚，巴曙松．中国村镇银行的发展困境与政策建议，载《新金融》，2011 (1)，40 - 44.

[156] 赵志刚．嫁接嬗变：邮储银行的小额信贷实验，载《中国农村金融》，2011 (2)，73 - 75.

[157] 李延海．吉林省邮政储蓄小额信贷业务对策研究，吉林大学硕士论文，2008.